시민

Vita
Activa 개념사 03

시민

신진욱 지음

책세상

1장 | 시민—개념과 이념

2장 | 시민의 개념사, 시민의 사회사

4장 | 시민의 이념

1장

시민—개념과 이념

1

땅콩과 시민

"아빠, 땅콩이 뭐예요?"

아이가 이렇게 묻는다면 내가 해줄 수 있는 제일 좋은 대답은 땅콩을 보여주고, 땅콩을 만져보게 하고, 땅콩을 맛보게 하는 것이다. 땅콩이라는 단어의 의미를 이해하기 위해 굳이 땅콩의 역사, 땅콩 소비자층의 역사적 변화, 땅콩의 생산과 판매를 둘러싼 권력 투쟁을 이해할 필요는 없다. 그러나 추상적이고 정치 사회적인 의미를 함축한 인문학적·사회과학적 개념을 이해하는 것은 다른 문제이다. 이러한 개념을 설명하려면 반드시 그에 결부된 역사와 이념과 이상을 자세히 이야기해줘야 한다.

"아빠, 민주주의가 뭐예요?", "민주공화국은 어디 있는 거예요?" 네 살짜리 아이가 이렇게 물었을 때, 나는 아이가 이 개념들을 이해할 수 있도록 내보여줄 땅콩이 없다는 사실에 무척 당황했다. 그래서 땅콩 대신 이야기를 들려주기로 했다. 뽀로로, 크롱, 루피, 에디, 포비, 패티, 해리가 살고 있는 마을에 관한 이야기. 그 마을에서 그들 모두와 관련된 결정 사항을 놓고 일어난 다툼, 그 다툼을 평화롭게 해결하기 위해 그들이 취한 행동, 즉 서로 자기 생각을 말하고 친구들 이야기에 귀를 기울이면서 슬 퍼지거나 소외되는 친구가 없도록 모두 힘을 합쳐 묘안을 짜내 는 이야기를 들려주었다.

이 책은 바로 그런 방식으로 '시민'에 대해 알아보려 한다. 즉 이 개념에 담겨 있는 역사와 의미, 이념과 사상에 대해 여러 이 야기를 들려주려 한다. 다만 스머프나 뽀로로와 같은 상상의 인 물, 상상의 공동체가 아니라 우리가 살고 있는 바로 이 지구 위 에서 수천 년 동안 나고 졌던 수많은 사람과 공동체 들에 대해 이야기한다는 점이 다르다. 고대 그리스 아고라에 모여 정치를 논하는 귀족들에서 출발하여 12세기 이탈리아 피렌체 시의회에 모인 상인과 수공업자 들, 1789년 프랑스 혁명에 참여한 열정적 민중을 거쳐 오늘날 전쟁터에서 목숨을 걸고 구호 활동을 벌이 는 '국경 없는 의사회' 소속 의사들, 토지 무단 점거 행동으로 계 급 지배에 항거하는 브라질의 '땅 없는 노동자들의 운동', 그리고 2008년 서울 광장에 밝혀진 수십만 개의 촛불에 이르기까지 이 야기하게 될 것이다.

이런 이야기 속으로 함께 여행하는 동안 '시민'이라는 작은 개 념 안에 응축되어 있는 인류의 광대한 역사적 체험과 열정, 더 나은 세상에 대한 상상과 이념을 접하게 되길 기대한다. 시민

시민은 자유롭고 권력 앞에 당당하며, 만인이 동등하게 존엄함을 믿고 다른 시민들과 기꺼이 연대하며, 평등하고 평화로운 대화와 협동으로 공동체를 함께 만들어간다.

의 이념은 이렇게 말한다. 시민은 자유롭고 권력 앞에 당당하며, 만인이 동등하게 존엄함을 믿고 다른 시민들과 기꺼이 연대하며, 평등하고 평화로운 대화와 협동으로 공동체를 함께 만들어간다. 이 책은 이런 시민의 이념이 어떻게 성장해왔는지 들려줄 것이다.

왜 시민인가

시민, 21세기의 핵심 가치

시민은 이제 많은 사람들에게 낯설지 않은 단어다. 시민 의식, 시민 단체, 시민운동, 시민 사회, 시민 대표 등, 시민이라는 단어로 시작하는 수많은 합성어를 우리는 매일같이 신문과 방송에서 접한다. 그뿐만이 아니다. 광장이나 거리는 물론 인터넷 커뮤니티와 신문 사설, 학술 논문 등에서 우리는 시민이라는 단어를 접하거나 사용한다. 시민권, 시민 정치, 시민 권력, 시민의 힘, 시민 불복종, 시민 민주주의 등 다소 어렵고 복잡한 정치적 언어들이 그러하다.

시민은 한국에서 1987년 민주화 이후 가장 중요한 정치 사회적 가치 중 하나가 되었다. 그래서 김영삼 정부는 스스로를 '문민정부'라고 이름 붙였고 김대중 정부는 '국민의 정부', 노무현 정부는 '참여정부'라고 각각 정의했다. 이러한 명칭들은 이제 국민과 시민이 한국 정치의 근본이자 주인임을 인정해야만 정치적인 정당성을 인정받을 수 있게 되었음을 보여준다. 그러나 한국 사회에서 이렇듯 강력해진 시민의 힘을 가장 잘 보여주는 증거는 바로 시민 스스로 만들어 움직이는 수많은 단체와 크고 작은 공동체, 네트워크 들이다. 이 가운데 가장 많이 알려진 것은 참여연대, 경실련, 환경연합, 여성연합 등과 같은 거대 단체들이지만 민주화 이후 한국에서는 시민들의 자발적인 연합체가 수를 헤아릴 수 없을 만큼 많이 생겨났다. 이러한 시민 사회 단체들은 한국 사회 시스템을 두텁고 탄탄하고 촘촘하게 짜는 데 가장 중요한 층위이다.

2002년에 처음 열린 아시아시민사회포럼의 포스터

시민과 시민 사회의 중요성이 커진 것은 한국만의 이야기가 아니다. 대략 1990년대부터 전 세계가 '시민 사회'에 주목하기 시작했고, 이러한 발전을 통해 생겨난 각 지역의 시민 사회 단체들이 서로 연계, 협력하고 있다. 2002년에 처음으로 아시아시민사회포럼ACSF이 개최되었고 유럽에서도 유럽시민사회네트워크CiSoNet가 활발히 활동 중이다. 이러한 소통과 연대의 움직임은 국제적으로 급속히 확산되고 있다. 예를 들어 아시아와 유럽의 시민 단체 대표들로 구성되는 아시아-유럽민중포럼AEPF과 전 세계 시민 사회 조직들의 네트워크인 세계시민단체연합CIVICUS 등, 여러 국제 연

국제 연대 네트워크

아시아시민사회포럼은 아시아 지역 30여 개국의 시민 단체 대표들이 만나 아시아의 민주주의, 인권, 지속 가능한 발전 등을 논의하는 자리이다. 유럽시민사회네트워크는 민간 단체지만 유럽연합의 유럽위원회로부터 재정 지원을 받기도 한다. 아시아-유럽민중포럼은 아시아와 유럽의 시민 사회 단체 대표들로 구성되는 데, 아시아-유럽정상회의ASEM에 대항하여 신자유주의 경제 정책에 반대하고 경제적 정의와 빈곤 문제 해결을 촉구하고 있다.

대 네트워크들이 활동 중이다. 국제기구들에도 이제 시민 사회와의 소통과 협력은 빠뜨릴 수 없는 과제가 되었다. 국제연합UN은 시민 사회 조직들의 참여와 발전을 주요 목표 중 하나로 설정하고 있고, 유럽연합EU 집행 기구인 유럽위원회European Commission도 시민 사회와의 협력을 핵심 사업으로 설정하고 있다.

이처럼 한국을 비롯해 전 세계에서 시민은 21세기의 핵심 가치로 확고히 자리 잡고 있다. 이렇게 시민이 커다란 사회 정치적 의미를 부여받게 된 것은 지난 수십 년 동안 시민으로서 자의식과 지향성을 갖는 사람들이 점점 확산되었기 때문이다. 노예 같은 삶에 자족하는 사람에게 정치인들이 나서서 "당신이 이 나라의 주인"이라고 말해주지는 않는다. 자기 이익과 성공에만 관심 있는 사람에게는 누구도 "공동체의 문제를 함께 상의하자"라고 이야기하지 않는다. 시민이 모든 곳에서 중요한 주체이자 가치로 부상하게 된 것은 점점 더 많은 사람들이 공동체의 문제들을 스스로 해결하려는 책임 의식을 갖고 연합하여 행동했기 때문이다. 이들은 환경, 교육, 건강권, 교통안전, 소비자 권리, 성 평등, 의정 감시 등 다양한 사회 문제에 관심을 가지고 모임을 만들어 고민을 공유하고 공동의 문제를 해결하려 노력하고 있다.

이처럼 공동체의 관심사를 공유하고, 자유롭고 평등한 주체로 서로 관계 맺으며, 공동의 문제를 함께 숙의하고 해결하는 사람들을 시민이라고 부른다. 그러므로 단지 한 개인으로서 자신의 이익만을 추구하거나 가족, 동창, 고향 친구 등 좁은 인연에만 갇혀 있거나 만인의 자유와 평등에 기초하지 않은 국가적 영광을 찬양하는 사람은 결코 시민이라는 이름에 어울리지 않는다. 시민은 자유를 사랑하고 타인의 존엄과 자유를 존중하며, 평등한 관계 속에서 타인과 연합하고 그들과 함께 '더불어 사는 삶'을 실현하기 위한 공동의 가치와 행동 방안을 만들어가는 사람이다.

삶과 사회의 이념으로서 시민

시민이라는 개념은 인류가 인간, 사회, 정치에 관한 사상과 이념을 처음으로 창조하기 시작한 때부터 이미 커다란 의미를 가지고 있었다. 고대 그리스의 아고라에서 정치를 논하던 이들은 자신이 단지 개인과 가족의 필요를 충족시키기 위해 살아가는 인간만이 아니라 그들의 정치 공동체인 폴리스를 함께 통치하는 시민의 한 사람이라고 생각했다. 또한 고대 로마 공화국은 황제와 그가 거느린 소수의 권력자들의 사적 소유물이 아니라 로마법에 의해 법적·정치적 권리를 부여받은 로마 시민 모두의 정치 공동체였다. 이렇듯 고대 사회에서부터 시민은 공공의 사안을 함께 토론하고 결정할 권리를 부여받은 존재였을 뿐 아니라, 그에 상응하여 학식과 예술과 예절을 갖고 독립적으로 판단하고

아테네에 남아 있는 고대 그리스의 아고라 유적

그리스 시민들이 정치와 사회 문제 등을 자유롭게 토론하던 공간 아고라는 그리스 민주주의의 토대를 이루었다. 아고라에서 정치를 논하던 이들은 자신을 정치 공동체 폴리스를 함께 통치하는 시민의 한 사람이라고 생각했다. 고대의 시민 관념은 소수 특권 계층에 한정되어 있긴 했지만, 이후 시민의 이념과 권리가 모든 인간에게로 보편화되는 긴 역사적 과정의 출발점이 되었다.

고대의 시민 관념
고대 그리스는 인류 역사에서 시민 민주주의가 가장
먼저 꽃핀 곳이지만, 정치를 논하고 정치에 참여할 수
있는 시민은 일부 특권 계층에 제한되어 있었다. 그래
서 노예, 하인, 이방인, 여성(!) 등은 시민 신분을 인정
받지 못하고 그들을 위한 '노동'을 제공했다.

행동할 것을 요구받았다. 고대의 시민 관념은 법적으로나 문화
적으로나 사회의 소수 특권 계층에 한정되어 있긴 했지만, 이후
시민의 이념과 권리가 모든 인간에게로 보편화되는 긴 역사적
과정의 출발점이 되었다.

이러한 고대의 시민 이념은 근대의 사회사상과 정치 철학에서
계승되었다. 근대 정치사상의 세 기둥인 공화주의, 민주주의, 자
유주의 이념 속에서 시민은 공동체의 구성원이자 정치적 주권자
이며 자유로운 개인으로 자리매김되었다. 이 세 가지 이념에 대
해서는 4장에서 상세히 다룰 것이다. 그와 동시에 시민 개념은
근대 사회의 역사적 조건 위에서 완전히 새로운 의미를 갖게 되
었다. 시민은 더 이상 소수의 특권 계층이 아니라 정치 공동체의
모든 구성원을 포함하는 보편적 지위로 점차 확대되어갔다. 오
늘날 대부분의 국가에서 보장하고 있는 인간의 보편적 권리, 즉
인권과 기본권은 고대 그리스의 소수 시민의 권리가 모든 사람
으로 확대되어온 역사의 산물이다.

이 책에서는 이처럼 오랜 역사에 걸쳐 발전되어온 시민의 개
념을 설명함으로써 책임 있는 시민으로 살아가기 위해 꼭 던져
야 할 다음 질문들에 대답해볼 것이다. 시민이라는 것은 무엇을
의미하는가? 한 사람의 시민으로서 생각하고 판단하고 행동한
다는 것은 누구의 딸이나 아들, 누구의 엄마나 아빠, 누구의 친
구, 친척, 선배, 후배, 동창, 또는 고향 친구로 살아가는 것과 어

떻게 다른가? 우리가 우리 자신을 시민이라고 부를 때 우리는 과연 어떤 존재가 되고자 하고 어떤 권리를 타인과 국가에게 요구할 수 있으며 우리 사회와 세계 전체에 대해 어떤 공적인 책임을 갖게 되는가? 시민이 운동을 하고 단체를 만들며, 정치에 영향을 미치고 스스로 권력을 행사하며, 부당한 공권력에 불복하고 민주주의를 더욱 강하고 풍부하게 만든다는 것은 무엇을 의미하는가? 그것은 시민이 행동하지 않는 사회, 시민이 참여하지 않는 정치, 시민이 생명을 불어넣지 않은 민주주의 제도와 어떻게 다르며, 그러한 차이가 우리의 삶에 가져오는 결과는 과연 무엇인가?

3

개념사와 사회사

시민 : 명칭의 역사, 의미의 역사

시민은 단지 하나의 단어가 아니라 사회적이고 정치적이며 역
사적인 개념이다. 이 개념 속에는 수십 년, 수백 년, 심지어 수천
년에 걸친 역사의 층위들이 농축되어 있다. 또한 그 역사 속에서
살며 그 역사와 씨름했던 수많은 인간의 체험과 정신, 아픔과 열
정이 녹아들어 있다. 그러므로 시민이라는 개념을 이해한다는
것은 곧 그 개념 속에 웅대하게 뻗쳐 있는 역사의 뿌리들을 거꾸
로 추적해간다는 것을 뜻하며, 또한 그 뿌리들에 달라붙어 있는
수많은 인간들의 삶과 체험을 역사적 관점에서 해석한다는 것
을 뜻한다. 이는 곧 개념의 역사conceptual history와 사회의 역사social
history가 서로 분리될 수 없음을 뜻한다.

왕과 귀족만이 정치를 논할 수 있고 평민들은 일체의 정치적
인 권리를 갖지 못했던 시대에 국민 주권이라는 개념이 있었을

리 없다. 이를 뒤집어 이야기하면 어느 사회에서 국민 주권이라는 개념이 사용되기 시작했다면 그것은 곧 그 사회의 정치 제도와 정치 문화에 중대한 역사적 변화가 일어났음을 암시한다. 그리고 점점 더 많은 사람들이 국민 주권이라는 개념을 접하고 널리 사용하게 되면 이 개념이 사회 변동을 이끌어내는 동력이 되거나 최소한 하나의 촉매제 역할을 할 수 있다. 이처럼 개념은 만들어진 역사를 반영하는 동시에 역사를 만들어가는 과정의 일부이기도 하다. 따라서 개념의 역사를 이해하기 위해서는 사회 변동의 역사적 맥락을 함께 연결할 수 있어야 한다.

먼저 개념사는 크게 두 측면으로 구분된다. 하나는 명칭의 역사이며 다른 하나는 의미의 역사이다. 이 둘은 서로 복잡하게 얽혀 있다. 예를 들어 한국어의 시민과 뜻이 비슷한 다른 명칭으로 어떤 것이 있을까? 한국어로는 국민, 민중 등이 있을 것이고, 중국이나 일본에서 사용하는 한자로는 市民, 公民, 國民, 人民 등, 서구어로는 citizen, citoyen, bourgeois, cittadino, ciudadano, Bürger, Bürgertum 등이 있다. 이뿐만 아니라 시민 개념과 직접 연관된 명칭들도 있다. 예를 들면 '시민적市民的'이라는 뜻의 수식어 civil, zivil, civilized, bürgerlich 등과 속성을 나타내는 개념인 시민성市民性, 시민적 덕성德性, civility, civic virtue, Bürgerlichkeit, Bürgertugend 등, 그리고 시민들로 구성되는 사회를 지칭하는 개념인 시민 사회市民社會, civil society, societa civile, bourgeois society, bürgerliche Gesellschaft, Bürgergesellschaft 등이 있다. 이러한 명칭의 역사는 이 명칭들이 언제, 어떤 맥락에서 탄생했는지, 주로 누구에 의해 사용되었는지, 무엇을 계기로 확산되었는지, 다른 인접 명칭이나 유관 명칭들과 어떤 관계에 있는지 등의 질문과 관련된다.

 이에 비해 의미의 역사는 어떤 명칭에 결부된 의미의 변화를 탐구한다. 시민의 가장 단순한 의미는 '도시의 주민'이다. 즉 '市民'은 '市'의 '民'이다. 한국어의 시민에 상응하는 서구어 역시 모두 도시를 뜻하는 고대어인 burg, civitas 등에서 유래했다. 영어의 citizen과 burgess, 독일어의 Bürger, 프랑스어의 bourgeois, citoyen, citadin, 그리고 이탈리아어 cittadino와 borghese, 스페인어의 ciudadano와 burgués 등도 모두 마찬가지다. 그러나 이처럼 '도시의 주민'이라는 단순한 어원에서 출발한 시민 개념의 사회적·정치적 의미는 결코 '도시라는 장소에 거주하는 사람'이라는 뜻에 한정되지 않았다. 시민 개념은 특정한 경제적·문화적·정치적 의미를 함축하고 있으며, 그 의미는 사회 변동의 과정에서 함께 변화했다. 고대 아테네와 로마에서 '시민'이라는 단어는 단순히 아테네와 로마에 거주하는 사람을 의미하지 않고 특정한 지위와 정치적 권리를 가진 사회 집단을 의미했다. 이에 반해 오늘날 대한민국에서 '시민'은 어떤 특별한 신분이 아니라 대한민국에서 인권과 기본권을 보장받고 정치적 권리를 행사할

오늘날 대한민국에서 '시민'은 어떤 특별한 신분이 아니라 대한민국에서 인권과 기본권을 보장받고 정치적 권리를 행사할 수 있는 모든 사람을 지칭한다.

수 있는 모든 사람을 지칭한다. 이처럼 시민이라는 개념의 의미는 사회 변화와 깊이 관련되어 있다.

근대적 시민 개념의 서구적 기원

이렇듯 어떤 개념의 명칭의 역사, 의미의 역사를 이해하려면 사회 배경을 알아야 한다. 고대 그리스에서 제한된 사회 집단에만 적용되던 시민이라는 개념이 중세 봉건 사회와 절대 왕정 시대를 지나 현대로 오면서 모든 인간에게 보편적으로 적용된 역사적 변화는 분명 정치 사회적 변화와 관련이 있을 터이다. 노예제 사회에서 노예 소유주와 노예에게 동등한 시민의 자격을 부여하지는 않았을 테니 말이다. 만약 그러한 보편적 인권을 요구하는 노예가 있다면 반란자로 규정되어 가혹하게 처벌될 것이다. 역으로 민주주의의 관념이 보편적으로 받아들여지고 헌법적으로도 민주공화국이라고 규정된 현대 국가에서는 노예제 사회의 상식이 용납되지 않는다. 노예제 사회처럼 시민의 권리를 특정한 신분에게만 부여한다면 시민의 권리를 부정당한 사람들의 광범위한 공분과 저항에 부딪치게 될 것이다. 이처럼 개념사는 사회사와 불가분의 관계에

로마 시대의 노예 반란인 스파르타쿠스 노예 전쟁을 표현한 그림

《대학》의 민 사상을 나타내는 구절
"大學之道 在明明德 在親民 在止於至善" : 큰 배움의
길은 밝은 덕을 밝히고, 백성에 가까이 하며, 높은 선
에 머무르는 것이다.

《맹자》의 민 사상을 나타내는 구절
"民爲貴 社稷次之 君爲輕" : 백성이 가장 귀하며, 사직
이 그 다음으로 귀하고, 임금이 가장 가볍다.

있다. 그러나 개념의 변천은 단지 정치 사회적 변화만을 반영하지 않는다. 어떤 개념이 과거에 갖고 있었던 의미는 종종 사회의 변화를 견뎌내고 지속되며, 또 때로는 수백 년 동안 잊혔던 개념과 의미가 어느 순간 새로이 현재 진행형의 역사 무대로 부활하기도 한다.

이제 시민의 개념사와 사회사를 엮는 복잡한 실타래를 하나씩 풀어가보자. 어디에서 출발할 것인가? 동양에서도 민民 사상은 고대 아테네의 폴리스나 로마 공화국의 헌법만큼이나 오랜 역사를 갖고 있다. 일찍이 유교의 4대 경전 중 하나인 《대학大學》의 〈경문經文〉 첫 구절은 민 사상으로 시작한다. 그러나 이 민은 군주에 의해 새롭게 되어야 할 존재이다. 《대학》 전문傳文의 〈신민新民〉에서는 "일일신우일신日日新又日新"하여 "작신민作新民"하라고 권고하고 있다. 즉 스스로를 매일 새롭게 하여 백성을 새롭게 만들라는 것이다.

나아가 《맹자孟子》의 〈진심장 하편盡心章句下〉에서 맹자는 왕들에게 백성이 가장 귀하며 임금이 가장 가볍다고 가르치고 있다. 여기서 맹자가 전하고자 하는 메시지의 핵심은 '훌륭한 통치자가 되려면 백성의 마음을 얻어야만 한다得乎丘民 而爲天子'는 것이다. 이는 오랫동안 역성혁명易姓革命 사상, 민본주의적 혁명 사상의 근원으로 간주되어왔다. 이렇듯 유교 사상은 이미 기원전 4세기에 민이 사회에서 최상의 가치를 갖고 있으며, 그렇기 때

맹자

문에 통치 권력의 궁극적인 정당성의 원천은 민이라고 선포했던 것이다.

그러나 유교 사상에서 민 개념은 어디까지나 통치자와 통치 행위의 정당성을 판단하는 도덕적 근거로 간주되었고, 민의 정치적 의사 표현과 정치 참여를 중요시하는 공화주의 이념은 미약했던 것 같다. 그런 점에서 유럽의 근대적 시민 개념은 고대 그리스나 로마의 공화국 이념과 역사적 연속성을 갖는 데 반해, 동양에서는 고대의 민본주의적 군주제 이념과 근대의 민주 공화제 이념 사이에 상당한 단절이 존재한다고 볼 수 있다.

특히 한국을 비롯한 동아시아 나라들에서는 시민이라는 명칭이 비교적 현대에 와서야 등장했으며, 이것이 하나의 사회 과학 개념으로 학계, 언론, 정계에서 널리 사용되기 시작한 것은 더더욱 최근의 일이다. 한국의 시민 담론은 서구의 근대 사상과 이론에 크게 영향 받았고, 또 그것을 우리의 고유한 문화와 역사의 관점에서 재해석한 결과이다. 한국의 시민 개념이 서구적 기원을 갖는 중요한 이유 중 하나는 역사상 한반도에 중앙 정부에서 독립한 도시 공동체가 그다지 발달하지 않았고, 그에 상응하여 도시민들 자치의 경험이 거의 없다는 데에서 찾아야 할 듯하다. 유럽에서는 고대부터 도시 국가의 시민 정치가 시작되었으며 중세에도 자치적인 도시 공동체가 곳곳에서 번영했다. 그러므로 '국민' 또는 '인간'의 권리와 관련한 현대적 관념이 시민의 권리에 관한 고대적 이념에 뿌리를 두게 된 것은 당연하다.

이와 달리 중국, 한국, 베트남과 같은 유교 문화권에서는 일찍이 국가 이념과 국가 체계가 발달했으며, '민'의 관념은 이러한 국가와의 관계 속에서 형성되고 변화해갔다. 그러나 이것이 결코 동아시아의 문화와 사회가 서구보다 후진적이라는 것을 뜻하지는 않는다. 다만 역사적 차이의 문제일 뿐이다. 서구는 동아시아에 부재하거나 미약했던 것을 특별히 발전시켰고, 동아시아는 서구가 근대에 와서 창조하게 된 제도와 관념을 이미 오래 전부터 갖고 있었던 것이다. 이러한 차이를 바로 보면서 시민을 탐구하는 이 여행을 유럽에서 시작하도록 하자.

시민 사회

'시민 사회'라는 개념은 '시민'만큼이나 오랜 역사와 복잡한 의미의 층위를 갖는다. 고
대 서양의 정치사상에서는 국가와 시민 사회가 구분되지 않았다. 시민 계급의 공화 정
치로 운영되는 폴리스는 시민적 덕성을 갖춘 시민들의 사회로 이해되었다. 시민 사회
라는 개념이 국가 또는 정치 사회와 구분되는 개념으로 분리되기 시작한 것은 근대부
터였다. 이 시기에는 자본주의 시장 경제가 국가나 공동체의 규제를 벗어나 독립된 사
회 영역으로 커져갔고, 계몽주의나 자유주의 사상운동과 더불어 사회의 문화적 자의
식도 성장했다. 이런 사회 변화 가운데 다양한 지적 흐름들이 시민 사회라는 개념을
채워갔다. 자유주의 전통에서 시민 사회는 정치적·도덕적으로 자유롭고 독립적인 개
인들의 사회를 의미하거나 시장 경제 안에서 사적 이익을 추구하는 시장 행위자들
의 집합체를 뜻했다. 미국 헌법을 기초했고 제4대 미국 대통령을 지냈던 매디슨James
Madison, Jr.이나 프랑스의 역사가인 토크빌Alexis de Tocqueville의 이념적 전통에서 시민
사회는 단지 원자적인 개인들로 구성되는 것이 아니라 그들이 결성한 자발적 결사체
들로 촘촘히 짜인 사회 영역을 가리켰다. 공화주의적 전통에서 시민 사회는 개인과 결
사체의 차원을 넘어 정치 공동체의 주권자인 시민들이 사회 전체의 공공 과제를 함께
토론하고 해결하는 공간으로 이해된다. 시민 사회의 개념에 어떤 의미와 이념을 부여
하느냐에 따라 우리가 추구해야 할 시민 사회의 이상 역시 달라진다.

2장

시민의 개념사, 시민의 사회사

1

고대와 중세의 시민

고대 그리스와 로마의 시민

유럽의 시민 개념은 고대 도시 국가에서 형성되었다. 시민을 뜻하는 고대 그리스어 폴리테스πολίτης나 라틴어 치비스civis는 모두 고대 그리스의 행정 단위인 '도시' 또는 '(도시) 국가'를 뜻하는 단어인 폴리스πόλις, 치비타스civitas와 밀접한 관련이 있다. 고대 그리스에서 폴리스는 단지 행정 단위가 아니라 시민들이 정치 공동체의 공공 사안을 토론하고 결정하는 정치적 공간이었다. 이 때 시민이라는 호칭은 단지 도시에 거주하는 사람이 아니라 도시나 국가의 통치에 참여할 수 있는 자격을 갖춘 사람을 뜻했다. 시민 신분은 토지 소유자와 전사戰士들로 구성된 귀족 계급에 제한되었고, 시민 신분에 속하지 않는 신분 집단은 노동을 담당했다. 당시의 지배적 가치는 노동을 단지 동물적 생존을 위한 것으로 간주하여 시민이 노동하는 것을 금지했고, 그에 반해 여가는

로마 문명

고대 로마 문명은 크게 세 시기로 구분된다. 출발점은 대략 기원전 10세기경에 시작된 군주정의 시기이고, 그다음이 기원전 510년에 세워져 약 450년간 유지된 로마 공화국Roman Republic 시기다. 세 번째는 기원전 27년에 시작된 로마 제국Roman Empire 시기로, 서기 395년에 서로마 제국과 동로마 제국으로 갈라질 때까지 지속되었다. 로마 공화국 전성기 때 그 영토는 오늘날의 스페인, 그리스와 북아프리카 지역까지 아울렀으며, 로마 제국은 유럽 대륙 전체와 소아시아 지역, 북아프리카에 이르는 광대한 영토를 갖고 있었다.

자유와 정치, 예술적 창조와 같이 '진정으로 인간적인' 인간 존재의 차원을 구현하기 위한 조건이라고 보았다.

이러한 신분 제도하에서 시민 신분을 가진 사람들 사이에 근대 시민의 뿌리가 되는 이념과 관행이 탄생했다. 그리스 시민들은 소수의 통치자에 복종하는 것이 아니라 시민들 자신이 자유롭고 평등한 권리를 갖고 정치 공동체를 만들어가는 데 함께 참여한다는 이념을 탄생시켰다. 물론 모든 인간 사회에서 그러하듯이 고대 그리스 사회에서도 시민들 간의 권력 투쟁과 권력의 위계가 존재했지만, 폴리스의 근본 규범은 모든 시민들이 폴리스의 동등한 주권자로서 정치에 참여할 권리를 갖는다는 것이었다. 폴리스의 시민들이 발전시킨 정치적 이상은 이후 근대 시기에 '모든 인간'에게 기본권과 정치적 권리를 부여하는 혁명이 일어날 수 있는 역사적 씨앗이 되었다.

한편 고대 로마에서도 독특한 공화주의적 시민 관념이 탄생했다. 무엇보다도 그것을 관철시키는 혁명적 법 규범이 발전했다. 로마 문명은 문화와 제도의 여러 측면에서 세계 역사에 직간접적인 영향을 미쳤지만 그중에서도 '로마 공화국'의 이념과 로마법이 끼친 영향은 막대했다. 우리는 로마 공화국이라는 명칭에서 공화국republic이라는 매우 중요한 역사적 개념이 등장함을 주목해야 한다. 공화국이란 소수의 통치자가 아니라 정치 공동체의 구성원들이 주권자로 인정되며, 이 구성원들이 자신의 정치

공화국

주권자의 지위를 누구에게 부여하느냐에 따라 과두적 공화제, 귀족적 공화제, 민주적 공화제 등으로 분류된다. 이중 민주 공화국만이 신분과 계급, 성별과 인종의 차이 없이 모든 국가 구성원에게 주권을 부여한다. 민주 공화국의 원리는 1776년 미국의 독립 선언과 1789년 프랑스 대혁명에 와서야 세계사 전면에 등장한다.

적 대표자를 선출할 수 있고 나아가 자유롭고 평등한 시민으로 정치에 참여할 수 있는 권리를 부여받은 국가 형태를 의미한다.

로마 공화국에서 이러한 공화국의 이념을 구체화한 것은 바로 로마 헌법Roman Constitution이었다. 줄여서 그냥 로마법이라고도 말하는 이것은 성문화되어 있지도 않았고 분명한 법 조항도 가지고 있지 않았지만 로마 문명을 움직이는 가장 근본적인 법 규범이자 정치 원리로서 오랫동안 전승되었다. 놀라운 점은 현대 헌법의 기본 원리가 로마법에 이미 포함되어 있었다는 것이다. 로마법은 권력 분립과 권력 균형의 원리를 분명히 하고 있었고, 대

106∼113년에 로마 황제 트라야누스가 세운 기념주의 부조. 고대 로마인들이 짐을 배로 분주히 운반하고 있다. 뒤쪽에 콜로세움이 보인다.

로마 공화국에서 공화국의 이념을 구체화한 것은 로마 헌법이었다. 이 법은 성문화되어 있지도 않았고 분명한 법 조항도 가지고 있지 않았지만 로마 문명을 움직이는 가장 근본적인 법 규범이자 정치 원리로서 오랫동안 전승되었다.

표자의 선출과 탄핵, 정기 선거, 대표자 임기 등에 관한 규정을 담고 있었다. 때문에 근대의 보편 실정법 체계가 성립되는 과정에서 고대 로마법이 결정적인 참조 자료가 되었던 것은 전혀 놀라운 일이 아니다.

그렇다면 로마법이 주권자로 규정한 '로마 시민civis Romanus'은 과연 누구였는가? 로마 시민은 기본적으로 로마 국가의 시민을 의미하는 단어지만 고대 그리스의 시민과 마찬가지로 영토 내의 거주민을 포괄하는 단어가 결코 아니었다. 로마법은 로마국 영토 내 인민들의 신분을 구분하는 세 가지 기준을 가지고 있었다. 첫째로 '자유 신분status libertatis'은 자유인과 노예의 지위를 구분하며, 둘째로 '시민 신분status civitatis'은 로마 시민과 비시민의 지위를, 끝으로 '가족 신분status familias'은 가족 내의 아버지pater familias와 아들filius familias의 지위를 구분했다. 이중 오직 아버지의 지위를 갖고 있는 로마 시민만이 공적·사적 권리를 모두 누릴 수 있었다homo sui iuris. 로마 공화국의 헌법은 이후 로마 제국의 헌법으로 바뀌게 되는데, 로마 제국의 지배하에 있던 민족은 처음에는 로마 시민으로 인정받지 못하다가 3세기쯤 이르러 로마 제국의 신민 대부분에게 시민권이 부여되었다. 물론 이처럼 시민권을 부여받은 로마 제국의 신민 사이에도 앞에서 언급한 바와 같은 권리의 위계가 존재했다. 이처럼 고대 로마 문명과 로마법은 비록 일부 사회 집단에 제한되었다는 역사적 한계를 가지지만 현대의 시민

어떤 예술가가 재현해낸 고대 로마의 재판 과정. 뒤쪽에 의원들senators이 앉아 있다.

로마 공화국에서 공화국의 이념을 구체화한 것이 바로 로마 헌법이다. 로마 문명을 움직이는 근본적인 법 규범이자 정치 원리로 오랫동안 전승된 로마 헌법은 권력 분립과 권력 균형, 선거와 대표자의 임기 등 현대 헌법의 기본 원리를 담고 있었으며, '로마 시민'을 주권자로 규정했다.

개념과 민주공화국 이념에 중요한 토대를 제공했다.

중세 유럽의 시민

고대 그리스나 로마와 달리 중세의 사회 관념은 정치적 성격을
띠지 않았다. 이는 무엇보다도 유럽 전역에 기독교 신앙과 교회
조직이 전파되고, 로마 교황청과 성직자 계급이 국경을 넘는 영
향력을 행사하게 된 것과 관련이 깊다. 중세 유럽인들에게는 어
느 왕국의 국민, 어느 영지領地의 농민이라는 것뿐만 아니라 세속
적 가치들 위에 존재하는 절대자인 신의 자녀라는 정체성이 중
요했다. 왕과 영주가 정치적·경제적 지배권을 행사했다면 교회
는 정치와 경제를 초월하는 사람들의 내면과 일상의 질서를 관
할하는 권력을 행사했다. 이처럼 왕과 영주가 정치 경제적으로
지배하는 한편 종교적 권위가 지배하는 중세의 질서하에서 고대
의 정치적 시민 관념은 크게 위축되었다.

그러나 이러한 시대적 조건 속에서도 시민 개념의 역사적 변
화와 관련하여 주목해야 할 두 가지 현상이 있었다. 그 하나는
기독교의 영향이다. 성서와 기독교의 이념에서 시민의 권리는
세속적 지배권이 아니라 천부 인권天賦人權, 즉 하늘에서 주어진
것으로 이해된다. 특히 모든 인간은 동등한 신의 시민이라는 〈신
약 성서〉의 이념은 그리스-로마의 시민 개념이 갖고 있던 계급

도시 국가
베네치아, 피렌체, 밀라노 등의 이탈리아 도시들, 오
늘날 '베네룩스 3국'이라 불리는 벨기에, 네덜란드, 룩
셈부르크 등의 작은 국가들이 대표적이다. 노르웨이
의 사회학자인 로칸Stein Rokkan은 이러한 도시 공
동체들을 '유럽 도시 벨트European city belt'라고 이
름 붙였다.

적 한계를 극복하고 보편적 인간의 개념을 확산시켰다. 시민/노
예, 시민/신민의 현세적 구분이 소멸하고, 그 자리에 절대 권위
로서 신 아래 평등한 시민이라는 새로운 관념이 생겨났다. 그러
나 중세의 실제 사회 질서는 성직자 계급과 평신도 사이의 엄격
한 위계를 설정했기 때문에, 기독교 이념이 진정으로 평등하고
보편적인 시민권 사상으로 나아가게 된 것은 16세기의 종교 개
혁 이후부터였다. 종교 개혁의 혁명성은 모든 인간이 성직자를
매개로 하지 않고 신 앞에 홀로 대면하여 소통할 수 있다는 관념
에 있었다. 그리고 종교 개혁을 통해 라틴어가 아닌 각 민족어로
번역된 성서가 유럽 전역에 보급되면서, 신학적 지식과 라틴어
지식을 갖지 못한 평신도들도 성서를 읽으며 자기 자신을 신의
평등한 시민으로 자각해갔다.

1520년 종교 개혁을
이끈 마르틴 루터의
《독일 민족의 그리스
도교도 귀족들에게 보
내는 연설》 표지. 루
터는 여기서 로마 교
황청의 특권과 사치,
지나친 세제 등을 비
판했다.

　　중세에 또 하나의 중요한 현상은 시민적 도시 공동
체의 발달이다. 중세 유럽의 곳곳에서는 새로운 유형
의 시민 공동체들과 그들이 자주적으로 관리하는 도시
들이 탄생하고 있었다. 역사학자들의 연구에 따르면 약
11세기경부터 여러 유럽 도시들에서 시민들의 조합과
다양한 상호 부조 단체들이 생겨나기 시작했다. 그리하
여 이탈리아에서 북유럽까지 유럽의 남북을 잇는 도시
국가의 띠가 형성되었다. 고대의 시민이 주로 토지와
노예를 소유한 귀족들이었던 데 반해, 중세 도시의 시

민 공동체를 구성한 시민들은 경제 활동에 종사하는 상인과 수공업자들이었다. 이들은 귀족과 성직자들이 지배한 중세 질서하에서 고대의 시민적 이상을 꾸준히 계승해가고 있었다. 정치 공동체의 주인인 시민들이 전제적 권력자에 예속되지 않고 자유와 자치, 자기 결정권을 누릴 수 있어야 한다는 이념, 그러한 정치 참여가 시민들 사이의 평등한 소통과 토론 속에 이뤄져야 하며 시민들 간의 동료애에 기반을 둔 연대를 통해 실현되어야 한다는 믿음 등이 그러했다.

2

프랑스 대혁명과 근대적 시민권

프랑스 대혁명과 〈인간과 시민의 권리 선언〉

대략 18세기 후반부터 시민 사회civil society는 중세 봉건 사회를 대신하며 부상하는 새로운 사회 질서를 통칭하는 단어로 사용되기 시작했다. 18세기까지 남아 있던 귀족주의적 사회사상에서 시민적civil이라는 개념은 '무례하고 문명화되지 못한' 것과 대비하여 '공손하고 세련된' 사람과 행동을 의미했다. 그런 의미에서 '시민적/비시민적'의 개념 구분은 '문명화된civilized/문명화되지 않은uncivilized'의 구분과 무관하지 않았다. 이렇게 본다면 시민 사회는 문명화된 사회 집단이 그렇지 못한 집단들을 통치하는 위계적 사회가 된다. 이러한 귀족주의적 시민 개념이 오늘날의 민주주의적 시민 개념으로 변화하게 된 결정적인 역사적 계기는 1789년의 프랑스 대혁명이었다. 1789년 8월 26일 프랑스 국민의회가 선포한 〈인간과 시민의 권리 선언Déclaration des droits de

인간은 자유롭고 평등한 권리를 갖고 태어나 그 권리를 유지한다. 사회적 차별은 공공선을 근거로 해서만 정당화될 수 있다.

---

l'homme et du citoyen〉은 모든 개인이 시민으로서 법적·정치적으로 평등함을 선포함으로써 전통 사회에서 전승되어온 모든 특권을 폐지했다. 〈인간과 시민의 권리 선언〉 전문을 읽어보자.

〈인간과 시민의 권리 선언〉

국민의회를 구성하고 있는 프랑스 인민의 대표자들은 인권에 관한 무지, 망각, 또는 멸시가 공공의 불행과 정부 부패의 모든 원인임을 믿으면서, 이 신성한 선언을 통해 자연적이고 신성하며 박탈할 수 없는 인간의 권리를 선포하고자 결의한다. 이 선언의 목적은 전체 사회의 모든 구성원에게 항상 그들의 권리와 의무를 상기하고, 입법과 사법 권력의 모든 행위가 매순간 모든 정치 제도의 목적과 목표에 따라 행해지게 하고 이로써 그것이 보다 존경받게끔 하며, 마지막으로 시민의 요구가 이제부터는 단순하고도 명백한 원리들에 기초하게 함으로써 헌법을 보전하고 모두의 행복에 기여할 수 있도록 하는 것이다. 따라서 국민의회는 신의 현전과 보호 속에서 다음과 같은 인간과 시민의 권리를 승인하고 선언한다.

제1조 인간은 자유롭고 평등한 권리를 갖고 태어나 그 권리를 유지한다. 사회적 차별은 공공선을 근거로 해서만 정당화될 수 있다.
제2조 모든 정치 결사의 목적은 인간의 자연적이고 소멸될 수 없는

권리를 보전하는 것이다. 자유, 소유권, 안전, 그리고 억압에 대한 저항권이 바로 그 권리들이다.

제3조 모든 주권의 원리는 본질적으로 국민에게 있다. 어떤 단체나 개인도 국민에게서 직접 유래하지 않은 공권력을 행사할 수 없다.

제4조 자유는 타인을 해치지 않는 모든 것을 행할 수 있는 자유이다. 따라서 각자의 자연권 행사는 사회의 다른 구성원도 동일한 권리를 누릴 수 있게끔 보장해야 한다는 점을 제외하고는 어떤 제약도 갖지 않는다. 이러한 제약은 오직 법에 의해서만 규정될 수 있다.

제5조 법은 오직 사회에 해악을 끼치는 행위만을 금지할 수 있다. 법에 의해 금지되지 않은 것은 어떤 것도 막을 수 없으며, 누구도 법이 명하지 않은 것을 하도록 강요당해서는 안 된다.

제6조 법은 일반 의지의 표현이다. 모든 시민은 개인적으로 또는 대표자를 통해 입법에 참여할 권리가 있다. 법은 보호할 때나 처벌할 때나 만인에게 동등해야 한다. 모든 시민은 법 앞에 평등하므로 모든 고위층과 공적 지위 및 직업에 오로지 그의 능력과 덕성과 재능에 따라 차별 없이 선출되는 동등한 권리를 갖는다.

제7조 누구도 법에 규정된 사례와 절차가 아니고는 고소, 체포, 구금되어서는 안 된다. 자의적인 명령을 요청, 전달, 집행하거나 또는 집행을 유발하는 자는 모두 처벌되어야 한다. 그러나 법에 따라 소환되거나 체포되는 시민은 누구나 즉각 그에 따라야 하며, 이에 대한 저항은 위법에 해당한다.

사상과 의견의 자유로운 소통은 인간의 가장 소중한 권리 중 하나이다. 이에 따라 모든 시민은 자유로이 말하고 쓰고 출판할 수 있다. 다만 법에 규정된 자유의 남용은 책임을 져야 한다.

제8조 법은 엄격하고 명백하게 필수적인 처벌만을 규정해야 한다. 위법 행위 이전에 제정되고 공포된 법에 따라 합법적으로 시행된 경우를 제외하고는 누구도 처벌될 수 없다.

제9조 모든 사람은 유죄 선고를 받기 전에는 무죄로 추정되어야 한다. 체포가 불가피한 것으로 간주되는 경우, 수감자의 신체를 확보하는 데 필수적이 아닌 모든 가혹 행위는 법에 의해 엄격히 금지되어야 한다.

제10조 누구도 의사 표명에 있어서 종교적 신념이라 할지라도 법에 의해 세워진 공공질서를 어지럽히지 않는 한 방해받지 않는다.

제11조 사상과 의견의 자유로운 소통은 인간의 가장 소중한 권리 중 하나이다. 이에 따라 모든 시민은 자유로이 말하고 쓰고 출판할 수 있다. 다만 법에 규정된 자유의 남용은 책임을 져야 한다.

제12조 인간과 시민의 권리를 보장하기 위해서는 공공의 무력이 필요하다. 그러므로 이 강제력은 그것을 위임받은 사람들의 개인적 이익을 위해서가 아니라 만인의 이익을 위해 확립된 것이다.

제13조 공적 강제력을 유지하고 공공 행정의 비용을 충당하기 위해서는 모두에게 조세를 징수해야만 한다. 이것은 모든 시민에게 그들의 자산에 비례하여 평등하게 배분되어야 한다.

제14조 모든 시민은 개인적으로 또는 대표자를 통해 공공 조세의 필요성에 관한 결정에 참여하며, 자유롭게 이에 대한 동의 여부를 판단하며, 조세 수입의 용도에 대해 알고 또한 세금의 비율, 평가 방식, 징수와 존속 기간을 확정하는 데 참여할 권리를 갖는다.

〈인간과 시민의 권리 선언〉

1789년 8월 프랑스 국민의회가 선포한 〈인간과 시민의 권리 선언〉은 모든 개인이 시민으로서 법적·정치적으로 평등함을 선포함으로써 전통 사회에서 전승되어온 모든 특권을 폐지했다.

제15조 사회는 모든 공직자에게 그의 공적 활동에 관한 보고를 요구할 수 있는 권리를 갖는다.

제16조 법이 준수되지 않고 권력 분립이 규정되어 있지 않은 사회는 헌법을 갖고 있다 할 수 없다.

제17조 자산은 침해할 수 없는 성스러운 권리이므로 합법적으로 규정된 공공적 필요가 그것을 명백하게 요구할 때를 제외하고는 박탈당할 수 없으며, 오직 자산 소유자에게 사전에 정당하게 배상하는 조건하에서만 박탈할 수 있다.

보편적 인간으로서 시민

1789년에 선포된 〈인간과 시민의 권리 선언〉에서 흥미로운 것은 인간homme과 시민citoyen(또는 공민公民)을 구분하고 있다는 점이다. 〈인간과 시민의 권리 선언〉은 '인간', 즉 하나의 국가적 영토 안에 거주하는 모든 개인들의 보편적 권리를 규정하지만 실질적으로 '시민'의 지위를 인정받는 특정한 신분 집단의 법적 · 정치적 이해관계를 대변하는 측면이 있었다. 그 신분 집단이란 바로 당시 프랑스에서 '제3신분tiers état'이라 불리던 사회 세력이다. 프랑스 대혁명이 일어나기 전에 프랑스의 구체제는 신분을 세 가지로 구분하고 있었다. 제1신분은 성직자들로서 이들은 주로 사회의 도덕과 규범을 세우고 감시하며 처벌하는 역할을 했

부르주아

프랑스 대혁명의 맥락에서 부르주아는 주로 자본가와 상인 계급 등을 가리킨다. 제3신분이라 할 때 실제로는 부르주아 계급을 뜻하는 경우가 많았는데, 그 이유는 부르주아가 당시에 구체제의 지배 세력과 투쟁하고 새로운 사회 질서를 수립하는 역사적 과정을 주도했기 때문이다. 부르주아라는 단어는 이후 매우 폭넓은 의미로 사용되어 직업, 소득, 자산, 교육, 문화 등의 측면에서 상층 계급이나 지배 계급을 가리켰고, 종종 정치적·도덕적인 비난의 뜻을 담고 있기도 했다.

다. 제2신분은 귀족과 왕족으로서 왕정 운영과 평민을 대상으로 하는 행정을 관할했다. 제1신분과 제2신분은 당시 프랑스 총인구의 약 3~4퍼센트를 차지했다고 알려지며, 조세 의무를 갖지 않는 등 완전한 법적·정치적 권리를 누렸다. 제3신분은 성직자와 귀족, 왕족을 제외한 모든 사회 집단을 지칭하는데 농민, 노동자, 수공업자들과 부르주아를 모두 포괄했다. 〈인간과 시민의 권리 선언〉의 가장 큰 의미는 시민, 즉 구체제하에서 평등한 권리를 인정받지 못하고 억압당했던 부르주아와 노동자, 농민들의 권리를 선포한 데 있었다.

여기서 개념사, 문화사, 정치사의 관점에서 하나의 중요한 역사적 역동성을 발견하게 된다. 고대 사회에서 발전된 시민의 문화생활과 정치적 권리는 노예, 상인, 농민, 여성 등과 같은 피지배 집단의 정치적 배제를 전제로 한 것이었음을 이미 확인했다. 시민의 지위를 갖고 있는 사회 집단의 '진실로 인간적인' 삶, 즉 문화적 창조와 정치적 참여는 시민의 지위를 갖지 못한 사회 집단의 노동을 대가로 한 것이었다. 앞에서 이야기했듯이 이런 의미에서 근대 이전의 시민 문화와 시민 정치는 근본적으로 도덕적 모순과 정치적 한계를 갖고 있었다. 흥미로운 점은 프랑스 혁명의 〈인간과 시민의 권리 선

프랑스 혁명 당시의 삽화. 제3신분이 사슬을 끊고 무장하는 모습을 보고 놀라는 제1신분과 제2신분을 묘사했다.

언〉이 이처럼 제한적인 시민 개념을 '모든' 인간에게 보편화한 방식이다. 프랑스 혁명이 '시민'으로 규정한 사회 세력은 근대 사회의 새로운 지배 계급인 부르주아를 중심으로 이제까지 시민의 지위와 권리를 부여받지 못했던 노동자, 농민도 포함했다. 즉 프랑스 혁명은 인류 역사에서 '시민'으로 인정받지 못한 사회 집단을 '시민 계급'의 핵심으로 만듦으로써 '시민' 개념의 의미를 '인간' 일반으로 보편화했다. 이런 의미에서 프랑스 혁명의 〈인간과 시민의 권리 선언〉은 단지 이전까지의 역사적 변화 과정을 계승한 사건이 아니라 낡은 질서를 전복하여 구체제의 한계를 깨뜨린 혁명적 사건이었다고 할 수 있다.

그렇다면 이와 같은 혁명적 사건과 더불어 근대 사회에는 어떤 변화가 일어나게 되었는가? '시민'과 '시민 사회'에 대한 근대적 개념은 전제 국가와 귀족 계급의 정치 경제적 특권, 그리고 성직자 계급이 독점하던 정신적 권위를 부정했다. 근대적 시민의 이상理想은 불평등을 당연한 것으로 간주하는 구질서를 대신하는 새로운 사회상을 발전시켰다. 그것은 개인의 자유와 이성에 기초한 사회, 개인들의 능력에 따라 부가 분배되는 사회를 지향했으며, 무엇보다도 개인들의 양심과 사상의 자유, 정치적 표현과 참여의 자유를 보장하는 민주적 법치 국가를 추구했다. 이러한 정치 원리의 제도적 구현으로서 공론장에서 이뤄지는 자유로운 토론과 여론 형성, 보통 선거권에 입각한 대표자 선출, 시

'시민'과 '시민 사회'에 대한 근대적 개념은 전제 국가와 귀족 계급의 정치 경제적 특권, 그리고 성직자 계급이 독점하던 정신적 권위를 부정했다. 근대적 시민의 이상은 불평등을 당연한 것으로 간주하는 구질서를 대신하는 새로운 사회상을 발전시켰다.

민들의 자유로운 연합과 시민 문화의 부흥 등이 중요시되었다. 이러한 사상들 가운데 많은 부분이 이미 고대에 출현하여 중세를 거치면서 발전해왔지만 근대에 와서야 '모든' 인간에게 동등하게 적용되는 보편적 이념으로 확립되었다. 뒤에서 이야기하겠지만 이러한 평등은 물론 형식적인 평등이었고, 근대 사회에서는 구체제와 다른 방식으로 또 다른 불평등 구조가 생겨났다. 그럼에도 정치 공동체를 구성하는 모든 사람들이 형식적으로나마 평등한 지위와 권리를 부여받게 되었다는 점은 이제까지의 인류 역사에 존재하지 않았던 새로운 사회 질서와 갈등 양식이 탄생했음을 뜻했다.

현대 국가와 시민 사회의 갈등 구조

그렇다면 구체제의 지배 계급에게 어떤 일이 벌어졌는가? 역사상 새로운 사상과 제도는 언제나 낡은 것이 지배하는 환경 속에서 창조되어, 낡은 것과 충돌하고 낡은 것이 사멸하거나 파괴된 후에야 사회의 지배적인 흐름이 된다. 인간의 삶에서도 새로운 사고방식과 새로운 세계관에 눈뜨는 사건은 낡은 습관 속에서 살아가는 동안에 일어난다. 하지만 인간의 진정한 변화는 오직 자신의 내부에서 새로운 것과 낡은 것이 갈등하고, 궁극적으로 낡은 습성이 서서히 또는 급격히 파괴되는 과정을 통해서만

근대적 헌정주의와 민족주의

근대 헌정주의의 핵심 이념은 정치 공동체의 모든 구성원이 준수해야 하는 규범이 통치자 개인이나 통치 집단에 의해 결정되는 것이 아니라, 헌법을 최상위 규범으로 하는 형식적 법체계에 의해 규정되어야 한다고 본다. 이 규범은 권력, 계급, 재산, 성별, 연령, 인종 등 모든 측면에서 정치 공동체 구성원 모두에게 평등하게 적용되어야 한다는 민주적 원리에 입각해 있다. 역사적으로 근대 헌정 민주주의 제도가 전제로 하는 정치 공동체는 민족 국가였기 때문에 근대의 헌정주의와 민주주의는 종종 민족주의라는 정치 이데올로기를 동반했다. 그러면서 다른 국가 구성원에 대해 배타적이고 적대적인 문화를 만들어내기도 했다.

가능해진다. 근대 정치 혁명을 이끌었던 주체 세력들이 시도했던 중요한 일 중 하나는 바로 구체제 지배 집단의 연합체를 모두 해체하고 붕괴하는 것이었다. 성직자, 귀족, 왕족의 힘은 이 집단에 속하는 개개인의 재산과 영향력뿐만 아니라 이들을 결집시키는 공식적·비공식적 단체와 인적 네트워크에서 나왔기 때문이다. 전근대적 세력을 약화하기 위해서는 이들이 서로 만나 생각을 공유하고 집단적 힘을 강화하며 공동 행동을 모의하는 일체의 '모임'을 해체하고 금지해야 가능했다. 이처럼 구질서를 해체하여 새로운 질서로 재편성하는 역할을 했던 가장 강력한 주체는 바로 근대적 헌정주의와 민족주의로 무장한 혁명적 국가 권력이었다. 이에 따라 구체제의 지배 집단들은 이제까지의 모든 특권을 포기하고 '국민nation'(3장 1절을 보라)의 일부로 통합되어야 했다.

이러한 변화는 전통 사회의 귀속적 공동체나 지배 계급의 인적 네트워크와 구분되는 '근대적 시민 사회'가 형성되는 데 중요한 시발점이 되었다. 이제까지 부르주아, 노동자, 농민의 연대를 억압했던 구체제 지배 집단의 연대 기반을 파괴함으로써 새로운 사회 연대의 장이 열린 것은 당연한 이치였다. 그러나 이 과정의 속사정은 생각보다 훨씬 복잡했다. 근대적 헌정주의와 민족주의에 기초하여 이뤄진 사회 질서의 재편성은 단지 전통적인 특권 집단만이 아니라 '모든' 사회적 연합체를 해체하는 경향이 있었다. 근대 국가는 중세 지배 계급이었던 성직자 층과 지주 계급의 연합체뿐 아니라 노동자들의 상호 부조 공동체, 지식인들과 예술인들의 모임, 여성 단체 등 모든 종류의 비국가적 연합체들을 해체하려 했다. 이는 사회 구성원들에게 오직 '국민'의 정체성과 충성을 강요하고 이들을 단지 형식적으로 법 앞에 평등한 개인들로 분해하는 것을 의미했다. 이러한 국가주의적 이념에 따른다면 인간은 법 앞에 평등한 원자적 개인으로 분할되어야 하며 오직 한 장의 투표권을 행하는 개인으로서만 정치에 영향을 미칠 수 있다. 근대적 시민 사회는 전통 사회의 지배 집단들과 투쟁하면서도 한편으로 이처럼 사람들을 개인화시키는 근대 국가와 복잡한 관계를 맺는 가운데 발전해갔다.

사회학자 벤딕스Reinhard Bendix는 현대 국가와 시민 사회의 이 같은 관계가 바로 '현대 정치의 역설'을 낳았다고 보았다. 무엇이 '역설'인가? 현대 사회에서 공동의 정치적 의지를 표현해주는 것은 대의제 기구들과 정부 조직이다. 이들은 종종 시민들 자신이 구성한 공론장이나 연합체와 갈등하고 이들을 억압하면서 자신들이 정의 내린 '일반 의지'를 사회에 관철하려 한다. 그러는 한편 현대 정치에서는 이러한 국가주의적 경향성에 저항하는 시민 사회, 즉 시민들의 자발적 연합체들이 또 하나의 경향성으로 발전해왔다. 이들은 현대의 민주적 헌법과 법체계에 담겨 있는 정치적 시민권을 바탕으로 '국가 권력', 즉 정부와 대의제 기구가

벤딕스

근대의 국가 권력은 전통 사회의 지배 질서를 해체하는 데 머물지 않고 시민 사회의 모든 개인과 집단이 국가 권력에 대항해 집단으로 행동할 가능성을 억제하는 경향이 있었다. 이런 조건에서 '법 앞의 평등'이란 모든 사람이 국가 권력 앞에서 평등하게 무력함을 의미했다.

국민들에게 행사하는 권력과 마주 보는 또 하나의 권력, 즉 '시민 권력'을 발전시켰다. 이 두 종류의 권력이 서로를 부정하지 않으면서 긴장을 유지하는 것이야말로 현대 정치를 역동적이면서도 건설적으로 만드는 데 필요한 핵심 과제라고 할 수 있다. 만약 국가가 시민 권력을 인정하지 않고 권위주의적으로 억압하고 통제하려고만 한다면 그 사회는 자유와 활기, 역동성을 상실한 전체주의 사회가 된다. 반대로 시민들이 정치 제도와 법질서의 존립 이유 자체를 부정하고 저마다 자기 집단의 지향과 규범만을 따르면 그 사회는 공존의 규칙 없이 상쟁하는 사회 세력들 간의 내전 상태로 빠져들게 될 것이다.

그러나 근대 역사에서 국가와 시민 사회의 관계는 항상 첨예한 갈등을 보였으며 평화적 공존과 호혜의 이상과는 거리가 멀었다. 앞에서 말한 바와 같이 근대의 국가 권력은 전통 사회의 지배 질서를 해체하는 데 머물지 않고 시민 사회의 모든 개인과 집단이 국가 권력에 대항해 집단으로 행동할 가능성을 억제하는 경향이 있었다. 이런 조건에서 '법 앞의 평등'이란 곧 모든 사람이 국가 권력 앞에서 평등하게 무력함을 의미했다. 따라서 시민 사회가 취약한 사회에서는 다음과 같은 일이 벌어질 수도 있다. 의회와 사법부가 제 역할을 해주지 못한다면 시민들 중 누구도 거대한 국가의 강압 기구와 관료제 조직을 감시하고 견제할 힘을 갖지 못할 것이다. 또한 잘 훈련된 수천 명의 경찰 대오 앞에서 노동자와 자영업자, 변호사와 의사가 모두 동등하게 무력할 것이다. 이를 '평등'이라고 마냥 찬양할 수 있을까? 이러한 상황은 앞에서 이야기한 근대적 시민의 이상과 정면으로 충돌한다. 시민들의 자유와 평등, 박애와 연대를 실현하기 위해 정당성을 부여한 국가 권력이 자신의 궁극적인 권력 원천인 시민들을 탄압하는 기구가 된다는 것은 정치적으로 수용될 수 없는 모순이다. 그래서 시민들은 국가에 압력을 가하고자 타인들과 연합했고, 바로 여기서 독립적이고 자유로운 시민 집단인 '시민 계급'과 이들의 연합체들로 구성된 근대적 '시민 사회'가 탄생하게 된 것이다.

그러므로 현대 세계에서 국가와 시민 사회의 적절한 관계를 발전시키는 일은 매우 어려운 사회적 과제이다. 국가는 서로 다른 이해관계와 가치, 정체성을 갖는 시민 집단들이 서로의 자유를 침해하지 않으면서 각자의 자유를 최대한 향유하도록 하는 민주공화국의 헌법 질서를 보장해야 한다. 시민들은 국가가 이와 같은 민주공화국의 헌법 정신과 법 규범을 존중하도록 감시하면서, 만약 민주공화국의 원리가 어떤 정치권력이나 사회 세력에 의해 침해당한다면 정치적 주권자의 한 사람으로서 민주주의와 공화주의를 지키려는 노력을 적극 기울여야 한다.

시민 계급 : 부르주아와 교양 시민

경제적 시민 계급, 문화적 시민 계급

지금까지 근대 시민 개념에 담겨 있는 정치적 기획과, 그것이 유발한 새로운 역사적 역동성에 대해 살펴보았다. 이와 더불어 좀 더 자세히 들여다봐야 할 것이 근대 시민 계급의 경제적 성격과 문화적 지향이다. 근대 사회에서 국가 권력으로부터 독립한 시민 계급은 두 가지 차원에서 성장해갔다. 하나는 경제적 차원이고 다른 하나는 문화적 차원이다. 유럽에서 시민은 이미 18세기부터, 특히 19세기에는 경제적으로 자립하고 문화적으로 교양과 학식을 갖춘 도시 거주자를 뜻하는 역사적 개념이었다.

이 같은 시민 개념의 이중성에 상응하여 우리는 근대의 시민 계급을 구성한 두 사회 집단을 구분할 수 있다. 그 하나는 경제적 의미의 시민 계급으로 일반적으로 부르주아 계급이라 불리는 사회 세력이다. 여기에는 상인, 공장 소유자, 은행가, 자본 소

교양

흔히 교육, 교양, 형성을 뜻하는 독일어 Bildung은 인간이 교육과 지식을 통해 인간, 사회, 자연에 대한 교양을 쌓음으로써 스스로를 이성적인 사유의 주체, 독립적인 행동의 주체로 형성해야 한다는 근대적 이상을 표현하는 단어이다.

유자, 기업가, 경영자 등이 포함된다. 범위를 더 넓혀 이른바 소시민 계층까지 아우르면 상업, 생산, 서비스 등의 소규모 자영업자, 수공업자, 소상인 등이 포함된다. 근대 시민 계급을 구성한 또 하나의 세력은 문화적 의미의 시민 계급인데 이 문화 집단이 가장 두드러졌던 독일에서 이들은 교양 시민 계급Bildungsbürgertum 으로 불렸다. 여기에는 의사, 판사, 변호사, 교사, 대학교수, 고위 공무원, 과학자, 기술자, 기타 전문직 종사자, 작가, 예술가 등이 포함되었다.

이 두 집단은 19세기 초중반 유럽에서 전체 경제 활동 인구 가운데 3~4퍼센트를 차지할 정도로 소수였으며, 이들의 가족을 포함해도 총인구의 5퍼센트를 넘지 않았다. 시민 계급을 소상인 등 프티 부르주아 계급을 포함하는 넓은 의미로 사용해도 전체 경제 활동 인구 약 13퍼센트를 차지할 뿐이었다. 그러나 이들은 인구 구성상 비율로만 측정할 수 없는 중대한 역사적 의미를 갖고 있었다. 이들은 이제 역사의 무대에 본격적으로 모습을 드러내고 있는 새로운 사회 질서를 이끌 핵심 사회 세력이었기 때문이다.

경제적 측면에서 부르주아는 중세의 지배 계급인 토지 소유 계급에 도전하면서, 부상하는 자본주의 시장 경제를 주도하는 새로운 지배 계급으로 성장해가고 있었다. 그러나 경제적 의미에서 시민 계급은 내적으로 매우 이질적이었다. 또한 시민 계급을 다른 사회 집단과 구분하는 경계 역시 불분명했으며 역사적으로 국가에 따라 다양하게 변화해갔다. 따라서 시민 계급을 구성하는 사회 집단들의 공통 특성, 또는 시민 계급과 시민 계급이 아닌 사회 집단을 구분하는 특성을 간단히 정의하기는 무척 어렵다. 시민 계급의 형성 방식은 각 나라와 지역의 사회 정치 세력들 간의 관계 구도에 따라 달랐으며, 이 관계 구도의 변화와 더불어 시민 계급의 구성과 자기 이해 역시 변화했다. 그렇기 때문에 시민 계급을 역사적 개념으로 이해할 필요가 있다. 문화적 측면에서 근대적 지식을 보유한 교양 시민 계급 또한 중세에 지적·도덕적 지도력을 독점하던 성직자 계급에 도전하면서 역사적으로 완전히 새로운 사유와 상상력 그리고 삶의 방식을 전파했다.

부르주아의 역사적 양면성

그렇다면 이들 시민 계급은 경제 권력과 문화적 영향력을 확대하는 과정에서 어떤 세력과 갈등하고 투쟁했는가? 먼저 경제적 측면에서 대략 19세기 중반부터 '시민'이 '부르주아'로 명명되는 현상이 폭넓게 나타나기 시작했다. 부르주아는 왕족, 귀족 등 전통적인 지배 계급과 대립하는 한편 농민 계급과 같은 전통적 하층 계급 또는 산업 프롤레타리아와 같이 새로이 부상하는 자본

케테 콜비츠, 〈행진Weberzug〉, 동판(1897). 1844년 독일 슐레지엔 직조공들의 봉기를 표현한 작품. 자본주의 하층 계급이 부르주아에게 저항한 이 봉기는 실패로 끝났다.

부르주아는 왕족, 귀족 등 전통적인 지배 계급과 대립하는 한편 농민 계급과 같은 전통적 하층 계급 또는 산업 프롤레타리아와 같이 새로이 부상하는 자본주의적 하층 계급과 대립하면서 하나의 사회적 집단 범주로 형성되어갔다. 그리고 경제적 소유권을 지키고 이익을 극대화하기 위해 근대 국가와도 전선戰線을 형성했다.

전통적 지배 세력과 싸우는 과정에서 하층 계급과 연대했던 부르주아
는 구체제 세력이 약화된 이후에는 자신들의 기득권을 유지하기 위해
하층 계급과 갈등하게 되었다.

주의적 하층 계급과 대립하면서 하나의 사회적 집단 범주로 형
성되어갔다. 전통적 지배 계급과의 대립에서 부르주아의 경쟁
상대나 투쟁 대상이 되었던 사회 세력은 특권화된 귀족 계급, 절
대 왕정의 군주 권력, 기독교 등 종교 권력이었다. 부르주아 계
급은 어느 가문에서 태어났느냐, 어느 신분에 속하느냐 등과 같
이 개인의 능력과 무관하게 주어지는 귀속적 특성의 가치를 부
정하고 능력, 노동, 교육의 기준을 강조했다. 이 싸움에서 부르주
아는 근대적이고 세속적이며 이성에 의해 진화하는 사회의 이상
을 강조하는 진보적인 의미를 지녔다.

  그러나 부르주아는 하층 계급과 대립하면서 보수적인 태도를
취했다. 이들은 전통적 하층 계급인 농민 계급, 자본주의의 성숙
과 더불어 성장해가던 산업 프롤레타리아, 소시민 계층과 같은
중간 계급과 대립했다. 특히 부르주아는 산업 프롤레타리아와
공산주의, 사회주의, 사회민주주의 정치 세력과 점점 더 갈등하
기 시작했다. 이러한 하층 계급과의 관계에서 부르주아는 정치
적으로 방어적·보수적인 성격을 띠었다. 이처럼 전통적 지배 세
력과 싸우는 과정에서 하층 계급과 연대했던 부르주아는 구체제
세력이 약화된 이후에는 자신들의 기득권을 유지하려고 하층 계
급과 갈등하게 되었다.

  부르주아에게는 구체제 세력 및 하층 계급과의 갈등과 더불어
또 하나의 중요한 전선戰線이 있었는데, 바로 근대 국가가 그 대

상이었다. 근대 사회에서 국가와 시민 사회 간의 경제적 상호 의존 관계는 상당히 복합적이었다. 정부는 시민 사회 구성원들이 소유한 재산의 일부를 가져갈 수 있는 정치적 근거를 갖고 있었다. 왜냐하면 정부는 사회의 공공 기능(입법, 질서 유지, 국가 방어, 통화 규제, 분쟁 조정, 조세, 공공시설 제공, 사회 서비스 등)을 수행하는 주체로서 공적 수입원에 의해 재정 지원을 받는데 공공 기능이 충족되지 않으면 사회가 유지되지 않기 때문이다. 따라서 그러한 기능을 수행할 의지가 없거나 그럴 능력이 없는 시민 사회 구성원들은 정부가 조세나 기타 수단을 통해 자신들 자산의 일부를 가져가는 데 원천적으로 반대할 수 없는 것이다. 사적 주체들, 특히 기업가나 부유층과 같은 경제적 지배층이 정부를 재정적으로 지원하지 않는다면 국가의 공공 기능은 작동하지 않게 되며 궁극적으로 경제 활동을 위한 사회 질서 자체가 위협받게 된다.

그러나 한편으로 근대 국가의 가장 중요한 재정적 기초는 자본주의 시장 경제를 통해 창출되는 시민 사회의 부富였다. 사회 구성원들에게 돈이 없으면 정부가 거둬들일 세금도 없기 때문이다. 또 정부가 사회 구성원들에게 부를 과도하게 강출한다면 사회의 경제적 역동성이 위축되어 궁극적으로는 정부의 재정 기반이 고갈되는 결과를 낳는다. 그러므로 근대 시민 계급은 국가의 공적 기능과 조세 의무를 인정하면서, 그와 동시에 국가가 시민

근대 시민 계급은 국가의 공적 기능과 조세 의무를 인정하면서, 그와 동시에 국가가 시민 사회의 경제적 소유권을 과도하게 침해하지 않게끔 자신의 경제적 자산을 방어할 필요가 있었다.

사회의 경제적 소유권을 과도하게 침해하지 않게끔 자신의 경제적 자산을 방어할 필요가 있었다. 그래서 부르주아 계급에 속하는 사회 세력들은 서로 치열하게 경쟁하면서도 국가 권력에 맞서 자신들의 이익을 극대화하고 경제적 지배 체제를 강화하기 위해 단체를 결성하며 정치인, 관료 등과 같은 국가 지도층에게 강력한 압력을 행사하곤 했다.

근대 교양 시민의 문화적 이상

그렇다면 문화적 시민 계급의 사정은 어떠했는가? 경제 시민과 교양 시민은 공히 개인 능력을 매우 중요시했으며 그에 상응하는 경제적 보상, 사회적 인정, 정치적 영향을 요구했다. 특히 문화적 측면에서 보면 18~19세기경에 '시민적civil'이라는 단어는 개인이나 공동체의 과제를 권위나 전통에 의존하지 않고 독립적으로 수행할 수 있다는 의미, 그리고 타인들과 자발적으로 결사체를 결성하여 공동의 목표를 달성한다는 의미를 담고 있었다. 특히 신분이나 종교처럼 귀속적으로 주어지는 것이 아니라 교육을 통해 개인의 독립적이고 이성적인 인성과 가치관을 형성한다는 점은 시민 계급이 자기 자신과 사회에 대해 가진 이상의 핵심이었다. 교육은 또한 시민 계급의 구성원들이 타인과 교제하고 시민 계급을 다른 사회 집단과 구분하는 데 가장 중요한 잣대로 쓰였다.

18세기 후반부터 19세기 초반에 탄생한 시민 계급은 전통적
인 신분 범주로서 '도시 주민'과 구분되는 문화와 자의식을 갖
고 있었다. 이 점에서 근대의 문화적 시민 계급은 역사적으로 새
로운 현상이었다. 근대 시민 문화는 이 책의 앞부분에서 이야기
한 근세 초기 도시 국가 시민들의 문화를 계승한 측면이 있지만,
무엇보다도 근대 문화를 잉태한 중요한 사상운동의 하나인 계
몽주의의 영향을 강하게 받았다. 계몽주의의 핵심은 이성理性·rea-
son·Vernunft에 대한 믿음이다. 계몽주의 사상에 따르면 인간은 어
떤 외적 권위와 전승된 전통에 전혀 의탁하지 않고 스스로의 이
성으로 참과 거짓, 선과 악, 아름다움과 추함을 판단할 수 있을
때 비로소 한 사람의 독립적 주체가 될 수 있다.

독일 철학자 칸트Immanuel Kant는 이러한 판단 능력을 '성숙
Mündigkeit'이라는 개념으로 표현했다. 어린아이는 무엇이 옳고 그
른지, 무엇이 선하고 악한지 스스로 판단할 수 있는 능력, 나아
가 자신의 판단에 대한 근거를 타인에게 제시하고 설득할 수 있
는 능력을 충분히 갖고 있지 않다. 이런 점에서 아이는 아
직 '미성숙'하다. 물론 육체적으로 성인이 되었다고 해서
자동적으로 그러한 미성숙 상태에서 벗어날 수 있는 것
은 아니다. 성인 중에도 독립적인 성찰과 숙고 없이 생각
하고 행동하는 사람들이 많이 있다. "왜 그렇게 생각합니

칸트

까?", "당신이 말하고 행동하는 것이 왜 옳다고 생각하십니까?"
라고 물으면 적잖은 사람들이 이렇게 대답한다. "많은 사람들이
그렇게 생각하고 행동합니다", "그것이 관행입니다. 다들 그렇게
해왔습니다", "그것이 우리나라의 문화와 전통입니다", "내 상관
이, 선배가, 부모님이 그렇게 말했습니다."

　근대 시민 계급의 문화적 이상에 비춰본다면 이러한 태도들은
모두 이성과 독립성의 '미성숙'을 드러내는 징표로 해석될 수 있
다. 근대 시민 문화는 습관, 관습, 전통, 권위 등을 전적으로 부정
하지는 않았다. 그러나 이미 있는 것, 주어진 것, 전승된 것들 가
운데 '지금 여기'에서 정당하고 적절한 것이 과연 무엇인지를 판
단하는 일은 최종적으로 행동하는 개인 자신의 이성에 의해서만
가능해진다. 이러한 관념은 당연히 전통과 권위를 중요시하는
구래의 사유 방식과 생활 방식에 근본적으로 도전하는 것일 수
밖에 없었다. 그리고 시민 계급은 새로운 시대와 새로운 사회에
조응하는 새로운 문화와 생활 양식을 보편화하려는 문화적 야심
을 갖고 있었다.

문화적 시민 계급에 대한 보수·민중 진영의 비판

이렇듯 근대 시민 계급은 정치, 경제, 문화 모든 측면에서 전통
사회의 질서를 붕괴시키고 새로운 질서와 삶의 방식을 등장시켰

프랑스 혁명의 진보성과 폭력성

프랑스 혁명은 인류가 전통 사회에서 근대 사회로 이행하는 데 결정적인 기여를 했을 뿐만 아니라 정치적·도덕적 측면에서도 명백히 '진보적' 성격을 띠었다. 구체제하에서 권위와 전통의 이름으로 억압되어온 인간의 여러 정당한 욕구와 권리를 공적으로 인정한 진보성에도 불구하고 프랑스 혁명은 두 가지 측면에서 '폭력적'이었다. 하나는 대단히 유혈적이었다는 점이고, 다른 하나는 오랫동안 전승되어온 전통을 너무나 급속하고 급진적으로 파괴했다는 점이다. 유럽의 보수주의 이념은 많은 부분 프랑스 혁명의 이러한 폭력성에 대한 반발로 생겨났다고 할 수 있고, 프랑스 혁명의 양면성은 근대성 자체의 양면성을 응축하고 있다.

다. 이러한 역사적 역할을 수행한 근대 시민 계급은 크게 두 진영의 공격을 받았다. 하나는 전통 세력과 보수주의자들이었으며 다른 하나는 근대 자본주의 사회의 하층 계급인 프롤레타리아와 사회주의 운동들이었다.

먼저 보수주의 진영에서 가해진 비판은 두 가지 관점에서 비롯되었다. 우선 보수주의자들은 시민 계급이 추구했던 계몽주의적·인본주의적 이상에 반발했다. 특히 프랑스 혁명의 양면성이라고 할 수 있는 진보성과 폭력성을 놓고 보수주의자들과 혁명적 시민들 간에 치열한 논쟁과 투쟁이 벌어졌다. 보수주의자들은 급격한 사회 변동, 그에 동반되는 폭력과 파괴를 경계했다.

프랑스 혁명 당시 혁명의 정신을 상징하는 삼색기(초창기 형태)를 들고 있는 한 공화주의자의 초상

이들은 전승되어온 전통을 전적으로 부정해서도 안 되고 인간의 이성을 완전히 신뢰해서도 안 된다는 입장이었다. 그러나 시민 계급은 전승된 전통 가운데 무엇이 보전되어야 하고 무엇이 극복되어야 하는지를 판단하는 일은 결국 현재를 살아가고 있는 시민들의 독립적인 이성에 따라 이루어져야 한다는 점을 강조했다. 또한 시민 계급의 관점에서 봤을 때 전통 세력에 대한 근대 세력의 폭력성만을 강조한다면 역사적으로 전통 세력들이 자

행해왔던 폭력적 지배와 억압을 미화하게 될 뿐이었다. 양자 모두 나름대로 일면의 진실을 가지고 있는데다, 중립적이거나 절충적인 위치에 있을 수 없었던 두 진영은 격렬히 대립했다. 보수주의와 근대주의 사이의 이러한 사상적 갈등은 오늘날까지도 지속되고 있다.

보수주의 진영의 두 번째 비판은 시민 계급의 '부르주아'적 성격을 겨냥했다. 보수주의자들은 부르주아 계급의 주도하에 심화되어가는 자본주의 시장 경제가 사회 통합을 약화하고 공동체를 붕괴한다는 점을 맹렬히 비난했다. 시장 경제 안에서 인간은 노동력과 상품으로 전락하고 인간 정신은 성공과 부를 숭상하는 배금주의mammonism로 가득 차게 된다는 것이다. 이 관점은 오늘날까지 '사회적 보수주의'라고 불리는 문화적·정치적 흐름으로 이어지고 있다.

그러나 시민 계급의 입장에서도 이 비난을 반박할 근거는 많았다. 무엇보다도 고도로 복잡한 현대 사회에서 사회 구성원들의 가치 지향과 이해관계는 매우 이질적이기 때문에, 전통적 의미의 공동체는 더 이상 현대 사회의 해체 경향을 억제할 만한 현실적 방안이 되지 못한다. 나아가 복잡하고 이질적인 현대 사회에서 동질적이고 획일적인 문화와 질서를 추구하는 것은 전체주의로 가는 길이 될 수도 있다. 대표적인 예가 바로 나치즘, 파시즘, 또는 전체주의 성격을 띠는 공산주의 체제 등이다. 이 체제

전체주의의 비극

독일 나치즘은 좌파, 볼셰비키, 유대인, 불구자, 동성 애자, 집시 등 이데올로기적 낙인이 찍힌 수백만 명을 집단 학살했다. 이런 전체주의의 광기에 많은 사람들이 동조하고 동참했지만, 그들 중 다수는 결국 똑같이 전체주의의 희생자가 되었다. 예컨대 1920년대 후반부터 1930년대 초반에 가톨릭과 개신교, 자유주의 성향의 지식인과 저널리스트 중 상당수가 전체주의적 테러 통치를 통해 독일 민족의 부흥, 국가 경제 재건, 사회 질서 회복을 이룰 수 있으리라 믿었다. 하지만 나치 지배 체제가 정립된 뒤 이들 모두는 테러 통치의 희생자가 되었다. 권력 자원을 독점한 히틀러와 나치 세력에게 이들은 더 이상 필요하지 않았기 때문이다.

하에서 정치적·이데올로기적 권력을 쥔 세력들은 매우 파괴적이고 폭력적인 방식으로 사회 내의 차이와 다원성, 개인들의 독립적 이성과 양심을 억압했다. 이러한 전체주의 체제는 보수주의와 분명히 구분되는 '근대적' 현상이지만 자본주의의 폐해를 전체주의 방식으로 해결하려 할 때 어떤 결과를 낳게 되는지를 잘 보여주는 비극적 역사임에 틀림없다.

이제 근대 시민 계급에 대한 좌파 진영의 비판을 살펴보자. 근대 시민 문화는 고대 노예제 사회의 시민 이념을 넘어서는 보편성을 한 측면으로 가지고 있었지만 근대 자본주의 사회 역시 계급적 불평등과 거기서 생겨나는 내적 모순을 안고 있었다. 앞서 이야기했듯이 근대 시민 문화는 시민 계급에 의해 창조되고 발전되었지만 시민 문화의 이상은 특수한 사회 세력에 국한되지 않았다. 그러나 자본주의 사회에서 이러한 삶의 이상, 인간의 이상을 실현하기 위한 전제 조건은 모두에게 평등하게 충족되지 않았다. 개인의 독립성, 자율성, 주체성을 보장받기 위해서는 무엇보다도 경제적 독립, 타인에 의해 지배되지 않을 자유, 근대적 이상에 따라 양육되고 교육 받을 기회, 문화적 교양을 쌓고 정치에 참여할 수 있는 여가와 공공의 공간 등이 필요했다. 그러나 불행히도 시민 계급이 주도하는 자본주의 시장 경제에

나치 돌격대 SA의 행렬과 히틀러

자본주의 사회의 구조적 불평등으로 말미암아 시민 계급의 특수한 계급적 위치와 시민 문화의 보편적 이상 사이에는 극복하기 어려운 모순이 존재했다.

서 인구의 절대다수를 차지하는 임금 생활자들은 이 같은 '시민적' 삶을 향유하지 못했다. 생계를 유지하기에도 급급하고 자기 '밥줄'을 쥐고 있는 사람들의 권력에 종속되어 있으며, 일정한 지적 능력을 훈련할 교육 기회를 충분히 갖지 못했고 사회와 정치가 돌아가는 사정에 대해 정보를 얻을 기회도 별로 없었으며, 설령 있다 할지라도 하루 종일 힘들게 노동해야 하는 대다수 임금 생활자는 정치에 관심을 갖고 참여할 만한 시간과 공간을 확보하지 못했다.

이러한 자본주의 사회의 구조적 불평등으로 말미암아 시민 계급의 특수한 계급적 위치와 시민 문화의 보편적 이상 사이에는 극복하기 어려운 모순이 존재했다. 근대 정치와 사회의 중요한 한 흐름을 형성했던 노동 운동과 사회주의 운동이 근대 시민 계급을 비판한 지점이 바로 이 부분이다. 유럽의 노동조합과 노동 운동 단체들, 사회주의나 사회 민주주의 정당들은 근대 시민 계급의 이러한 모순을 공격하는 가운데, 자본주의 사회에서 소외되고 주변화된 집단들을 정치적 주체이자 문화적 창조자로 키워갔다. 이처럼 근대 시민권과 시민 문화를 모든 사회 집단의 삶 속에서 현실화하려는 노력을 통해 '시민 사회'는 비로소 부르주아적 기원에서 벗어나 보편화로 나아갔다.

시민, 시민 사회 : 현대적 재발견

다양한 역사적 맥락들

지금까지 고대 그리스의 아고라에서 출발하여 피렌체의 도시 공동체를 거쳐 프랑스 대혁명에 이르기까지, 시민 개념의 정치 사회적 의미가 변해온 긴 역사적 과정을 둘러보았다. 그런데 흥미로운 것은 이렇게 변화해온 시민과 시민 사회 개념이 대략 19세기 후반부터 서구 사회의 공론장과 지식 사회에서 거의 사라지게 되었다는 점이다.

그 요인은 매우 복합적이지만 많은 역사학자와 사회과학자들이 공통적으로 지적하는 것은 산업 자본주의의 두 핵심 집단인 부르주아와 프롤레타리아 간에 계급 갈등이 심화되고, 노동자 계급이 전국적 노동조합이나 노동자 정당을 건설해가면서 '시민' 차원보다 '계급' 차원이 전면에 등장하게 되었다는 점이다. 1848년 유럽 혁명과 1871년 파리 코뮌은 유럽 전역을 계급

1848년 유럽 혁명은 유럽 대륙 전역에서 노동자, 농민, 도시 빈민 등이 동시다발적으로 봉기한 사건으로, 봉기 자체는 신속히 진압되었지만 이후 유럽 사회에 지대한 영향을 끼쳤다. 파리 코뮌은 1871년 프랑스에서 공화파 시민들이 왕정복고에 반대하여 파리에 시민 자치 정부를 수립하고 정부군과 무장 투쟁을 벌인 사건으로, 도시 하층 계급 역시 적극 참여했다.

혁명의 소용돌이로 몰아넣었는데, 그 여파로 19세기 후반에는 거의 모든 유럽 국가에서 노동조합의 전국적 연합체와 사회주의 지향의 노동자 정당들이 건설되었다. 1865년 전독일노동자연맹과 1869년 독일사회민주주의노동자당 건설을 출발점으로 해서, 유럽 전역에 수많은 노조 연합체와 좌파 정당이 생겨났다. 이러한 조직들은 현재까지도 유럽 사회와 정치에서 중요한 기둥이 되고 있다. 예를 들어 스웨덴이나 핀란드 같은 스칸디나비아 국가에서는 노조 조직률, 즉 전체 임금 생활자 가운데 노동조합에 가입해 있는 사람의 비율이 90퍼센트를 넘는다. 북유럽뿐 아니라 독일, 프랑스, 스페인 등 다른 유럽 국가들에서도 사회당, 사회민주당, 사회민주노동당과 같은 좌파 정당들이 여러 차례 집권할 정도로 커다란 정치적 영향력을 갖고 있다. 이처럼 노동조합과 노동자 정당이 20세기 내내 사회 정치적 영향력을 확대해 오면서 18~19세기에 부르주아와 교양 시민 계급이 주도해온 '시민' 담론이 약화되었다.

시민 개념이 정치·문화 담론의 장에서 사라지게 된 또 하나의 중요한 원인은 냉전Cold War 체제였다. 1917년 러시아에서는 볼셰비키가 주도한 프롤레타리아 혁명이 성공하여 공산주의적 사회 경제 체제가 70여 년간

방돔 광장에 세워진 나폴레옹 기념상을 파괴하는 코뮌군(1871)

냉전

냉전은 2차 세계대전 이후 공산주의 블록이 자본주의
블록과 체제 경쟁, 이념 대결, 군사적 긴장 상태를 지
속했던 국제 정치 체제를 뜻한다.

지속되었다. 이어 1920년대에 유럽과 남미, 아시아 등 세계 거의 모든 지역에서 공산당이 건설되어 소련을 중심으로 국제 연대를 맺었고 동유럽과 아시아 등에 공산주의 체제가 들어섰다. 1917년 인류 역사상 최초의 공산주의 혁명을 일으키고 들어선 소비에트 연방 즉 소련은 미국을 중심으로 한 자본주의와 갈등하게 되는데, 이 갈등이 본격화된 계기는 2차 세계대전이다. 세계대전에서 독일, 이탈리아, 일본 등 주축국이 패전함으로써, 이들과의 전쟁에서 서로 공조했던 미국과 소련은 이제 전후 세계 질서의 패권을 놓고 다투는 경쟁자가 되었다. 특히 1950년 한국 전쟁의 발발은 냉전 체제 수립에 결정적인 계기가 되었다. 국제 정치의 패권을 차지하려는 미국과 소련의 싸움이기도 했던 한국 전쟁 이후 냉전 체제는 더 분명히 확립되었고, 이로써 세계는 이념과 사회 체제의 대립을 지속해가게 되었다.

이처럼 '시민의 세기'라 불리는 19세기가 지나간 뒤 오랜 세월 동안 세계는 오직 '이념'과 '체제'의 문제에 몰두했고 정치 사회적 갈등 역시 계급과 이데올로기의 전선戰線을 사이에 두고 벌어졌다. 그런데 놀랍게도 1980년대 후반에 와서 '시민'과 '시민 사회'가 또다시 세계의 지식인과 정치인들의 입에, 매스미디어의 화면에 오르내리기 시작했다. 이 흐름은 오늘날까지도 지속되고 있어서 '시민'은 세계의 인문학과 사회과학, 저널리즘과 정치 담론에서 중심의 위치를 갖고 있다. 이와 같이 시민의 현대적 재발

볼셰비키가 주도한 러시아의 프롤레타리아 혁명. 가두 시위 중인 혁명군

1917년 인류 역사상 최초의 공산주의 혁명을 일으키고 들어선 소비에
트 연방. 즉 소련은 미국을 중심으로 한 자본주의와 갈등하게 되는데,
이 갈등은 2차 세계대전과 한국 전쟁을 거치며 심화된다. 양 진영이 이
념과 사회 체제를 놓고 대립을 지속한 냉전 체제는 정치·문화 담론의
장에서 시민 개념을 사라지게 만들었다.

1980년대에 구소련과 동유럽의 공산주의 사회에서 민주화 운동을 주
도했던 반체제 지식인들은 19세기 이래 묻혀 있던 서구의 시민 사회
이념을 재발견하고 현재화했다.

견이 급속히 전개된 데에는 몇 가지 정치 사회적 맥락이 크게 작
용했다.

공산주의의 붕괴와 시민 사회

첫째, 1980년대에 구소련과 동유럽의 공산주의 사회에서 민주
화 운동을 주도했던 반체제 지식인들은 19세기 이래 묻혀 있던
서구의 시민 사회 이념을 재발견하고 현재화했다. 이들은 전체
주의적인 이데올로기 통제, 일당 독재와 경찰 통치에 반대하여
서구 근대사에서 오랜 전통을 갖는 자유주의, 민주주의, 사회주
의 정신을 온전히 반영하는 '민주적 사회주의'를 건설하고자 했
다. 시민들과 함께하는 정치 행동을 통해 이들은 정부와 경찰,
정보기관의 감시와 통제에 저항했고 사상·양심·표현·집회·결
사의 자유를 추구했다.

　사상의 자유와 정치적 자유를 억압하는 체제는 그 안에 살고
있는 모든 인간의 삶과 관계를 병들게 한다. 거기서 진실은 위험
한 것이 되고, 거짓은 진실의 탈을 쓴다. 진실을 믿고 말하고 행
하는 사람이 공권력에 의해 처벌받는 사회에서는 사람들이 처음
에는 진실을 행하길 주저하고, 다음에는 진실을 말하길 조심스
러워하며, 종국에는 진실에 대해 생각하는 것 자체를 두려워하
게 된다. 소련의 사회학자 지노비예프Aleksandr Zinovyev가 1986년

출간한《호모 소비에티쿠스Homo Sovieticus》는 열심히 노동하지 않으면서 노동하는 척하고, 만인의 평등과 국제 연대라는 사회주의 이념을 입에 발린 신앙 고백처럼 암송하며, 당과 정부에 불만이 많으면서도 그에 충성하는 듯 가장하는 인간의 모습을 보여준다.

하벨

이러한 사회 체제에 저항하는 사람들에게 '시민'의 이념과 이상은 전체주의적 감시와 통제에서 해방된 자유로운 영혼을 상징했다. 그래서 동유럽의 예술가와 지식인들은 이러한 전체주의 통제 체제를 무너뜨리고, 독립적이고 자유로우며 타인과 공동체에 대한 도덕적 책임을 의식하는 '시민'이 주인 되는 세상을 만들고자 했다. 체코의 시인이자 민주화 투쟁의 지도자였고 이후 체코의 대통령이 되었던 하벨Václav Havel은 '힘없는 자들의 힘power of the powerless'이 이러한 시민 사회를 건설할 수 있을 것이라 믿었다. 헝가리의 소설가이자 사회학자인 콘라드György Konrád는 기만과 부패를 일삼는 정치, 인민을 억압하고 착취하는 정치에 반대하여 시민들 자신이 주도하고 참여하는 행동을 '반정치antipolitics'라 이름 붙이고 이를 직접 실천했다. 이처럼 동유럽 지식인들이 지향했던 시민의 이념은 무엇보다 자유주의와 민주주의 사상을 중심에 두고 있었다. 공산주의 체제에 저항했던 시민들은 바로 이 이념을 횃불 삼아 암흑의 시대를 이겨냈다. 그러나 중요한 점

콘라드

제3의 물결

제3의 물결은 헌팅턴의 용어로서, 19세기 후반에서 20세기 초반에 걸쳐 유럽과 북미 대륙에서 진행된 제1의 민주화 물결, 2차 세계대전 종전을 앞둔 1943년부터 전쟁 종결 이후 광범위하게 진행된 제2의 민주화 물결에 이어 벌어진 세계 정치의 거대한 변동을 말한다.

1987년 6월 민주화 항쟁

1960년 4·19 혁명과 1980년 광주 민주화 항쟁의 전통을 이어 1987년 6월에 화이트칼라들과 대학생, 지식인들이 민주화를 요구하는 거대한 움직임을 만들어냈다. 그 결과 26년간 지속된 군부 독재가 종식되고 대통령 직선제가 도입되었다. 그러나 1987년 이후에도 민주화에 역행하는 재권위주의화는 계속되어왔다.

은 바로 이와 같은 자유주의적 지향으로 말미암아 부르주아 시민 개념의 계급적 한계와 자본주의의 불평등한 현실이 간과되었다는 사실이다. 사람들은 공산주의 체제가 붕괴하고 자본주의 시장 경제가 도입된 이후에야 이 문제점을 서서히 인식하기 시작했다.

민주화와 시민 사회

둘째, 시민과 시민 사회의 현대적 재발견에 기여한 또 하나의 역사적 맥락은 1970년대 중반부터 1980년대 말까지 세계 곳곳에서 계속된 정치 민주화의 물결이다. 미국의 정치학자 헌팅턴 Samuel P. Huntington은 이를 제3의 물결 The Third Wave이라고 명명했다. 제3의 민주화 물결은 1974~1975년에 스페인과 포르투갈 등 남유럽 국가에서 권위주의 통치 체제가 붕괴하고 의회 민주주의와 선거 정치가 도입되면서 시작되었다. 이후 1980년대에 남미와 아시아 등에서 유사한 정치 운동이 전개되어 브라질, 아르헨티나, 필리핀 등 여러 나라에서 군부 독재나 일당 독재 체제가 무너지고 민주주의 체제가 들어섰다. 그리고 최종적으로 동유럽 공산주의 체제의 붕괴는 이 놀라운 역사적 드라마의 정점이었다. 한국에서 1987년 6월 민주화 항쟁이라고 부르는 정치적 사건 역시 이 제3의 물결의 한 장면이다.

헌팅턴

그런데 이 제3의 물결을 만들어간 여러 나라의 사례들 가운데 남유럽, 남미, 아시아 등에서 이루어진 민주화는 앞서 서술했던 소련과 동유럽의 공산주의 체제 붕괴와 몇 가지 중요한 차이를 갖는다. 먼저 이 나라들은 자본주의 사회라는 점이 중요하다. 스페인, 포르투갈, 그리스, 아르헨티나, 칠레, 필리핀, 한국, 대만 등에서는 자본주의 경제 체제가 발전되어왔다. 그러므로 이 나라들에서는 동유럽과 반대로 민중 운동과 반체제 세력이 자본주의 시장 경제의 폐해를 비판하는 경우가 많았으며, 국가 권력과 자본가 계급이 중산층과 노동자, 농민, 빈민 등을 경제적으로 소외하고 정치적으로 억압하는 데 저항했다. 또 하나의 차이를 들자면 이 나라들에서 독재 체제의 지배 이데올로기는 반공·반사회주의 성격을 강하게 띠었다. 소련과 동유럽에서 지배 이데올로기가 공산주의 이데올로기였다는 점을 상기해보라. 여기서 우리는 이데올로기의 지향이 무엇인지가 아니라 시민들의 이념·사상의 자유와 다원성을 보장하는지가 중요한 문제라는 것을 알게 된다. 민주화 운동은 이 같은 자유와 다원주의, 정치적 권리를 쟁취하기 위한 시민들의 투쟁이었다.

이러한 민주화 과정은 아래로부터 민중 운동에 의해 주도된 경우도 있었고 야당 세력이 지도력을 발휘한 경우도 있었으며 기존 지배 세력이 부분적으로 양보하면서 종결되는 경우도 있었다. 중요한 것은 이 모든 사례에서 시민 단체, 노동조합, 민주

1987년 6월 민주화 항쟁 © 이인영 홈페이지

1970년대 중반부터 1980년대 말까지 세계 곳곳에서 계속된 정치 민주화의 물결은 시민과 시민 사회의 현대적 재발견에 기여했다. 스페인과 포르투갈 등 남유럽 국가의 의회 민주주의와 선거 정치 도입으로 시작된 제3의 민주화 물결은 남미와 아시아 여러 나라의 민주주의 체제 수립을 거쳐 동유럽 공산주의 체제의 붕괴에서 정점을 이루었다. 대한민국의 1987년 6월 민주화 항쟁 역시 이 제3의 물결의 한 장면이다.

민주화 과정은 아래로부터 민중 운동에 의해 주도된 경우도 있었고 야당 세력이 지도력을 발휘한 경우도 있었으며 기존 지배 세력이 부분적으로 양보하면서 종결되는 경우도 있었다. 중요한 것은 시민 사회의 연합된 힘이 민주화를 추동하는 가장 근원적인 동력이었다는 점이다.

화 운동 조직 등 시민 사회의 연합된 힘이 민주화를 추동하는 가장 근원적인 동력이었다는 점이다. 말하자면 민주화는 독재 체제가 저절로 무너져서 이뤄진 것이 아니라 시민 자신이 희생하고 헌신하고 투쟁하여 억압적 지배 체제를 무너뜨리면서 이룩한 사건이었다는 것이다. 이처럼 독재 체제의 붕괴는 시민 사회의 힘과 불가분의 관계에 놓여 있다. 그래서 브라질 사회학자 오도넬Guillermo O'Donnell은 남미의 민주화 항쟁들을 '시민 사회의 봉기'라고 이름 붙였으며, 스페인의 사회학자 페레스 디아스Victor Pérez-Díaz는 남유럽의 경험을 두고 '시민 사회의 귀환'이라고 표현했다.

'더 많은 민주주의'와 시민 사회

셋째, 선진 민주주의를 이룬 서구 사회에서도 지난 십여 년 동안 시민 담론이 매우 빠르게 부활하여 확산되었다. 여기에는 무엇보다도 시민 사회의 활성화와 시민 참여가 민주주의를 더욱더 심화화고 발전시킬 것이라는 기대가 크게 작용했다. 다수결 원리의 문제를 교정하고 정당 정치의 한계를 보완하며, 이익 집단 정치를 넘어 공공선을 확대하기 위해서는 제도 정치만으로 충분하지 않으며, 문제의 당사자인 시민 자신이 정치의 한 주체로 참여할 수 있어야 한다는 문제의식이 싹튼 것이다. 독일에서 1950~1970년대에 베를린 시장과 외무부 장관, 연방 총리를 지냈던

브란트

브란트Willy Brandt는 이처럼 단순한 선거 민주주의, 다수결 민주주의를 넘어서는 참여 민주주의와 사회적 연대를 "우리는 더 많은 민주주의를 감행하길 원한다"라는 모토로 압축했다.

다수자의 지배majority rule는 현대 정치의 선거 민주주의 제도가 작동하는 주요 원리 중 하나임에 틀림없지만 결코 문제가 없는 것은 아니다. 다수결 원리란 이를테면 선거에서 가장 표를 많이 얻은 정당이 정치권력을 장악하여 나라 전체를 통치하는 것을 가리킨다. 그러나 여러 국가에서 제도 정치에 대한 시민들의 불신과 무관심이 깊어져왔으며 그에 따라 투표율도 점점 낮아지고 있다. 그 결과, 선거에서 이겨 여당이 된 정당도 전체 유권자 중 일부의 지지만으로 전 국민에 권력을 행사할 수 있게 된다. 다수결 원리의 이러한 한계에도 불구하고 인류는 아직 이를 대신할 만한 민주주의 제도를 만들어내지 못하고 있다. 그러나 제도 정치의 의미가 점점 상대화되어감에 따라 정치 체제가 효과적으로 작동하려면 정부가 정책을 펼쳐가는 과정에서 시민 사회와 소통하고 이견을 조정해야 할 필요성이 더욱 높아지게 되었다.

나아가 대의 민주주의의 한계 역시 시민에 대한 관심을 불러 일으키는 원인이 되었다. 민주주의 사회에서 대의 민주주의를 부정한다면 이는 매우 위험한 사고방식이다. 하지만 대의제가 아무런 한계도 없는 만병통치약은 아니다. 대의 정치가 형식적으로 작동한다고 하더라도 여러 가지 심각한 문제가 남아 있다.

대의 민주주의
모든 국민이 정치를 직접 할 수 없으므로 국민들의 의
사를 대변하는 정치 집단에게 권력을 부여하여 국민을
위한 정치를 하게 만드는 제도이다.

예를 들어, 현대 정당들은 일반 시민들의 요구와 소통하지 않는
경향이 있고, 정치인들은 사회와 단절되어 있으며 사회의 공공
이익보다는 정권 창출을 우선시하는 정치 논리를 따르는 경향이
강하다. 따라서 대의제 정치만으로는 정치 공동체 전체의 공공
선을 실현하기 어렵고, 사회 구성원들 간의 갈등을 조정하고 해
결하는 데는 한계가 있다. 그래서 시민의 정치 참여를 위해 더욱
효과적인 방안들이 고안되어왔는데 '거버넌스governance'라 불리
는 방식이 대표적이다. 이는 정부government에 의한 일방적인 통치
governing와 구분되는 민관 협치民官協治, 또는 민관 공치民官共治를 뜻
한다. 즉 민民과 관官이 함께 공공의 사안을 협의·결정·실행하는
새로운 정치의 방식이다. 이러한 정치 양식이 제대로 작동하려
면 무엇보다도 사회의 공공 의제들에 대해 시민들 자신이 높은
관심과 책임 의식을 갖고 적극 참여해야 한다. 바로 이 지점에서
시민에 대한 관심이 전면에 부상하게 된다.

　마지막으로 국가의 실패와 시장의 실패에 대한 대안으로 시민
사회에 대한 관심이 높아진 측면이 있다. 세계 노동 대중의 삶이
도탄에 빠졌던 1930년대의 세계 대공황 이후와 2차 세계대전이
끝나고 수십 년 동안, 서구의 여러 나라들은 규제되지 않은 시장
경제의 파국을 방지하기 위해 경제 규제와 공공복지 지출을 꾸
준히 증대했다. 그러나 1970년대 중반 이후 관료제나 정책 경직
성 등과 같이 국가 중심 사회 모형이 가진 문제점들이 드러나면

서 이른바 '국가의 실패'를 비판하는 시장 자유주의가 점차 그 자리를 대신하기 시작했다. 1980년대에 등장한 레이거노믹스Reaganomics와 대처리즘Thatcherism이 대표적인 이데올로기이다. 또한 월드뱅크World Bank, IMF 등과 같은 국제 경제 기구들 역

1988년 백악관에서 회담하는 레이건과 대처. 두 사람은 각각 레이거노믹스와 대처리즘으로 불리는 자유 시장 정책을 펼쳤다.

시 여러 나라에서 정부 축소와 공공 부문의 민영화, 기업에 대한 탈규제 등을 주문했다. 그러나 이러한 탈국가·시장화 전략 역시 심각한 경제 양극화, 사회 해체, 범죄 증가 등 사회 문제를 유발하면서 한계를 드러냈다. 때문에 1990년대에 들어서는 이러한 '시장의 실패'에 대한 비판과 반성이 커져갔다. 그리하여 '국가의 실패'와 '시장의 실패'를 보완하는 제3의 대안으로 '시민 사회'의 중요성이 강조되었고, 제3섹터The Third Sector, 비정부기구NGO, 비영리기구NPO등 다양한 이름으로 불리는 자발적 시민 결사체들이 국가도 시장도 할 수 없는 역할을 해낼 수 있으리라는 기대가 높아졌다.

시민 개념의 민주화

유럽에서 시민 개념이 역사적으로 변화해온 과정은 '누가 시민인가'에 대한 정의가 민주화되어온 과정으로 이해할 수 있다. 이러한 민주화는 사회에서 배제된 집단의 자각과 행동으로 성취되어왔다. 고대 그리스는 유럽의 시민 이념이 탄생한 곳이지만 거기서 말하는 시민은 노동의 의무에서 자유로운 지배 계급에 제한되어 있었다. 고대 정치 사상은 시민들의 창조 활동을 '진정으로 인간적인' 삶이라고 찬미했고 그에 반해 노동하는 삶은 보다 열등한 것으로 경멸했다. 하지만 시민 신분을 가진 사람들이 예술적·사상적 창조 활동에 전념하고 공동체의 정치를 논하는 동안, 그들이 먹고 입을 것을 생산하는 노예들과 그들을 돌보기 위해 노동하던 여성들은 이 모든 '인간적인' 활동에서 배제되어 있었다. 근대에 와서 시민 개념은 고대의 굴레를 벗어던지고 모든 인간이 시민의 자유, 권리, 존엄을 향유할 수 있어야 한다고 선포했다. 이 점에서 근대적 시민 개념은 최소한 명목적으로 보편적인 인간 개념과 동일시되기 시작했다고 할 수 있다. 그러나 이러한 명목적 보편주의는 자본주의 사회의 경제적 불평등과 성별, 민족, 인종 등 여러 측면의 사회적 불평등으로 인해 유명무실해지는 경우가 많으며, 심지어는 실재하는 불평등을 은폐하는 이데올로기로 작용하기도 한다. 그런 점에서 시민 개념의 민주화는 지금도 진행 중이다.

3장

시민과 인접 개념들

시민과 국민

정치사적 다양성과 시민-국민 관계

오늘날 한국에서 '시민'과 '국민'은 비슷한 의미로 쓰이고 있는 듯하다. 예를 들어, 2008년 촛불집회에 나온 사람들은 매일같이 "대한민국의 모든 권력은 국민으로부터 나온다"라는 헌법 제1조를 노래하고, "국민 주권", "국민의 힘", "국민 승리"를 외치면서 자신들에게 부여된 정치적 권리를 적극 행사했다. 그러나 그와 동시에 사람들은 이러한 정치 참여를 가리켜 "시민 정치", "시민 권력"이라고 부르며, 촛불집회에서 대다수 사람들이 보여준 절제와 평화, 높은 사회의식과 성숙한 토론 문화를 두고 "시민 정신", "시민 의식"의 발현이라고 말했다. 그렇다면 촛불집회에 참여한 사람들은 시민으로 거기에 있었던 것인가, 국민으로 있었던 것인가? 그들은 스스로를 어느 한 도시의 시민으로 생각하고 있었는가, 대한민국의 국민으로 생각하고 있었는가? 답은 '두 가

2008년 촛불집회

2008년 5월부터 몇 개월간 지속된 한국의 촛불집회는 시민들의 정치 참여에 완전히 새로운 가능성을 열어주었다. 촛불집회는 학생, 주부, 직장인 등 정치 세계에서 배제되어 있던 일반 시민들이 '정치' 자체를 새롭게 정의하면서 대규모 집단행동을 벌였다는 점에서 특별한 의미를 갖고, 시민들이 권력 중심부의 정책과 통치 양식에 정면으로 도전했을 뿐 아니라 국가 간 협정의 정당성을 심판함으로써 국내 정치와 국제 정치의 주인공으로 등장했다. 이 과정에서 시민들은 미국 쇠고기 수입 문제만이 아니라 경쟁지상주의 교육과 대운하 사업 계획, 건강보험을 비롯한 공공 부문의 무분별한 사유화와 상품화에도 저항했다.

지 모두'이다. 이처럼 한국에서 시민이라는 단어와 국민이라는 단어는 많은 의미를 공유하고 있어서 비록 동일한 단어는 아니나 종종 같은 뜻으로 바꿔 사용되기도 한다.

시민과 국민이 비슷한 의미로 혼용된다는 점은 곧 그 사회의 독특한 역사와 문화를 반영한다. 강력하고 중앙 집권적인 국가의 전통이 없었다거나 국가 중심 문화가 발달하지 않은 사회에서 시민과 국민을 비슷한 의미로 사용할 리 없다. 예를 들어 오래 전부터 독립적인 상인과 수공업자들이 강력한 정치적 권리를 행사해온 도시 국가를 생각해보자. 그곳 사람들은 분명 도시의 주민이자 주인인 '시민'의 권리와 역할에는 강한 자의식을 갖고 있겠지만 도시의 자율성을 제한하는 보다 큰 국가의 구성원으로서 '국민'이라는 정체성에는 거부감을 가지고 있을 것이다. 그래서 일찍이 도시 국가가 발달했던 이탈리아, 절대 왕정의 역사가 없는 스위스 등에서는 국민이라는 개념이 크게 발달하지 않았다.

이와 달리 강력한 국가가 근대화를 주도했던 독일, 오스트리아 등에서는 일찍부터 사회 구성원들의 권리와 의무가 '국민'의 권리와 의무로 규정되었다. 예를 들어 18~19세기의 프로이센 제국과 합스부르크 제국 등에서는 제국의 구성원을 규정하거나 그들의 권리와 의무를 규정하는 법령들에서 '국가의 시민Bürger des Staates' 또는 '국가시민Staatsbürgerschaft'이라는 개념을 사용했다. 이들 나라에서 국가시민으로 규정된 사람들은 민법과 형법상

2008년 촛불집회에 모인 사람들 © 박학룡

촛불집회에 참여한 사람들은 시민으로서 거기에 있었던 것인가, 국민
으로서 있었던 것인가? 그들은 스스로를 어느 한 도시의 시민으로 생
각하고 있었는가, 대한민국의 국민으로 생각하고 있었는가? 답은 '두
가지 모두'이다. 한국에서 시민이라는 단어와 국민이라는 단어는 많은
의미를 공유하고 있어서 비록 동일한 단어는 아니나 종종 같은 뜻으로
바꿔 사용되기도 한다.

프로이센 제국과 합스부르크 제국

1701년 세워진 프로이센 제국은 18세기와 19세기에 걸쳐 오늘날의 독일 북부와 동부, 폴란드 일대를 포괄하는 영토를 지배했고, 1871년에 여러 연방 국가들을 통일하여 근대 독일 국가를 세우는 데 성공했다. 합스부르크 제국은 13세기부터 무려 600년 가까이 유지되다가 1차 세계대전이 끝난 후 해체되었는데, 오늘날의 오스트리아와 스위스 지역에 중심을 두고 이후 독일 남부와 헝가리 지역까지 영토를 확대했다.

의 권리뿐 아니라 헌법상의 기본권과 정치적 권리의 상당 부분을 법적으로 보장받았다. 즉 시민의 권리는 국가시민의 권리로서 존재했던 것이다.

국가시민 개념의 역사

그렇다면 이제 유럽에서 국가시민 개념의 역사를 살펴보자. 시민이 국민의 의미를 갖기 시작한 것은 17~18세기부터이다. 절대 왕정이 성장함에 따라 17세기에 와서 국가 권력이 가장 상위의 통치체로 격상된 반면, 시민은 국가에 복종하는 신민臣民이나 도시에 거주하는 주민civis urbanus(또는 bourgeois)으로 폄하되었다. 이는 고대 그리스와 로마의 시민 개념에 담긴 정치적 의미가 퇴색되었다는 것을 뜻한다. 이처럼 국민이라는 의미에서 시민은 처음에 국가에 대해 종속적 성격이 강했지만, 18세기 후반으로 가면서 시민 계급이 자율적이고 참여적인 사회 세력으로 성장함에 따라 정치와 통치의 주체로서 시민 개념이 다시 수용되기 시작했다.

프랑스 대혁명의 〈인간과 시민의 권리 선언〉은 구체제의 지배 세력이었던 성직자와 귀족, 왕족들의 특권과 권력을 결정적으로 해체하면서 제3신분의 주도 세력이었던 부르주아의 법적·정치적 권리를 역사의 전면에 등장시켰다. 그러나 노동자와 농민은 실질적으로 새로운 시대의 주인공이 되지 못했다. 이러한 제한성에 반대하여 칸트는 토지나 화폐를 얼마만큼 소유하고 있는지가 정치적 권리를 결정하는 기준이 되면 안 된다는 보편주의적 이상을 주장했다. 앞서 언급한 바와 같이 프랑스어의 공민citoyen 또는 인간homme은 만인의 보편적 존엄성과 동등한 권리를 표현하고 있다는 점에서, 특수한 신생 지배 계급인 부르주아와 구분되는 의미를 가졌다. 그런데 흥미롭게도 칸트는 1780년대와 1790년대에 쓴 저작들에서 이러한 보편주의적 이념을 표현하기 위해 '국가시민Staatsbürger'이라는 개념을 사용했다. 칸트는 그가 살던 당시의 절대주의 국가와 그 통치하에 있는 사람들 사이에 일종의 계약 관계가 성립한다고 보았다. 그래서 그는 정치 공동체를 구성하는 모든 국가시민이 한 명의 시민으로서 권리를 인정받는 한편 국가의 신민으로서 공적 권위에 복종해야 한다고 보았다.

이러한 사상의 역사적 의미는 무엇일까? 칸트가 사용한 국가 시민이라는 단어는 단지 한 국가의 영토 내에 살고 있는 구성원을 지칭하지 않는다. 그것은 '국가Staat'와 '시민Bürger'을 결합한 단어이다. 우리는 앞서 시민이라는 단어가 고대 그리스와 로마에서 시작하여 근대에 이르는 장구한 역사적 과정을 거치면서, 심오한 사상과 이념을 표현하는 역사적 개념으로 발전해왔다는 사실을 확인했다. 그 사상이란 모든 시민이 불가침의 존엄성을 갖

국가시민 개념의 등장은 시민 개념에 담긴 자연권 사상과 근대적 권
리 관념이 자본주의 경제를 주도하는 특정 계급에 국한되지 않고 정
치 공동체의 '모든' 구성원에게 보편적으로 적용되기 시작했음을 의
미한다.

고 있고, 모든 시민은 평등한 권리를 행사할 수 있어야 하며, 자
유로운 주체로서 공동체의 공공 사안에 참여할 수 있어야 한다
는 것이다. 국가시민 개념은 이러한 시민의 권리를 단지 토지
나 화폐와 같은 경제적 수단을 소유한 특정 계급만이 아니라 국
가 공동체의 모든 구성원이 향유할 수 있어야 한다는 주장을 담
고 있다.

  국가시민 개념의 등장은 시민 개념에 담긴 자연권 사상과 근
대적 권리 관념이 자본주의 경제를 주도하는 특정 계급에 국한
되지 않고 정치 공동체의 '모든' 구성원에게 보편적으로 적용되
기 시작했음을 의미한다. 특권을 가진 도시 거주민들, 특히 다양
한 조합으로 단결한 상인, 수공업자, 자본가 등을 지칭하는 좁은
의미의 시민 개념이 사라지고, 한 국가의 영토와 통치권 내에 존
재하는 국민 모두에게 동등한 정치적 권리가 법적으로 보장되기
시작한 것이다. 이는 특정 계급이 아니라 농민이건 노동자이건
학생이건 실업자이건 상관없이 정치 공동체의 '모든' 구성원이
동등한 존엄성을 갖고 있으며 동등한 권리를 보장받아야 한다는
사상이 확산되어간 역사적 과정과 깊은 관련이 있다. 이런 국가
시민 관념을 대하면서 다음과 같은 질문을 던질 수 있을 것이다.
"공화국의 국민은 누구에게 충성하는가?" 그 대상은 직장 상사
도 아니고 기업 소유주도 아니며 정권도 아니고 심지어 국가의
최고 통치권자도 아니다. 국민은 오직 나라에 충성하며 그의 나

국민은 오직 나라에 충성하며 그의 나라를 공화국이게끔 해주는 민주적 헌법의 정신에 충성한다. "나는 왕의 신민도, 대통령의 종복도 아니다. 나는 오직 민주공화국의 국가시민이다."

라를 공화국이게끔 해주는 민주적 헌법의 정신에 충성한다. "나는 왕의 신민도, 대통령의 종복도 아니다. 나는 오직 민주공화국의 국가시민이다."

시민과 계급

공민과 부르주아의 분리

17~18세기에 프랑스어로 시민을 뜻하는 두 개념인 공민과 부르주아, 즉 citoyen과 bourgeosie라는 두 개념 사이에 긴장 관계가 생겨났다. 시민을 뜻하는 영어 citizen과 독일어 Bürger에서는 이 시기에 이러한 표현상의 분리가 일어나지 않았기 때문에 프랑스어의 독특한 이중성은 특별한 의미를 가진다. 이 책서두에서 이야기했듯이 시민을 뜻하는 유럽어 citizen, burgess, Bürger, citoyen, citadin, cittadino, borghese 등은 모두 '도시'를 뜻하는 고대어 civitas, burg 등에서 유래한다. 이 맥락에서 프랑스어 citoyen과 bourgeois가 각각 civitas, burg에서 유래했음을 알 수 있다. 17세기까지만 해도 이 두 단어의 의미는 분명히 구분되지 않아서 사람들은 이 두 단어를 서로 바꿔 쓰기도 하고 같은 의미로 사용하기도 했다. 그러나 17세기와 18세

백과전서파

18세기 계몽주의 운동의 일환으로 프랑스의 사상가, 문인, 학자들이 만든 《백과전서Encyclopédie》 집필에 참여한 사람들을 가리키는 말. 디드로, 달랑베르, 루소, 볼테르, 돌바크 등 저명한 사상가들이 많이 포함되어 있다. 《백과전서》 발간은 당시 기독교와 정부로부터 검열당하고 금서로 지정되는 등 탄압을 받았지만 프랑스와 유럽 전역의 사상, 문화, 학문, 예술을 크게 변화시켜 1789년 프랑스 대혁명에까지 영향을 미쳤다.

가르베

기를 경과하면서 두 단어는 분명히 구분되기 시작했다. 1792년 독일의 철학자 가르베Christian Garve는 시민 개념이 정치 공동체 안에서 평등한 권리를 갖는 모든 구성원을 뜻하는 공민의 의미를 가지면서, 또한 부상하는 자본주의 경제의 지배 계급을 가리키는 부르주아의 의미를 동시에 포함하는 이중성을 갖는다고 말했다.

앞에서 잠깐 이야기했듯이, 공민은 근대 시민 사회의 모든 구성원을 가리키는 데 반해 부르주아는 자본주의 경제에서 특정한 경제적 위치에 놓인 사회 집단을 뜻한다. 공민이라는 의미에서 시민 개념은 단지 경제적 소유권만이 아니라 정치 공동체의 모든 구성원들이 정치·문화적 자유와 자율성, 정치 참여의 권리를 보장받고 향유할 수 있어야 한다는 시민적 이상을 담고 있다. 루소Jean-Jacques Rousseau와 같은 혁명적 사상가들과 백과전서파 Encyclopédiste 등은 이 단어의 정치적·문화적 의미를 풍부하게 만드는 데 큰 역할을 했다. 이에 반해 부르주아라는 단어는 18세기에는 주로 경제적 지위와 이해관계 측면에서 이해되었다. 부르주아는 점차 확장되어가는 자본주의 시장 경제를 주도하는 상인과 수공업자 등 특수한 계급을 의미했다. 이런 점에서 부르주아는 구사회의 지배 계급인 영주와 귀족 계급만이 아니라 봉건 사회의 종속 계급인 농민과 자본주의 사회의 종속 계급인 산업 노동자를 배제하는 개념이었다. 그러므로 부르주아라는 개념은 공

민처럼 국가, 도시 등과 같은 정치 공동체의 모든 구성원을 보편
적으로 포함하지 않았다. 그것은 중세 사회의 지배-종속의 질서
가 붕괴하면서 등장한 자본주의 사회의 새로운 지배-종속의 질
서를 상징하는 개념이었다.

19세기 사회사상에 나타난 공민과 부르주아의 긴장

19세기에 들어 '시민적civil/bürgerlich'이라는 단어가 점차 '사적pri-
vate'이라는 단어와 같은 의미로 사용되면서 '정치적political' 또는
은 '국가시민적staatsbürgerlich' 등의 단어가 그와 구분되는 의미로
갈라져 나갔다. 그래서 '시민적 자유'는 국가 권력으로부터 해방,
법 앞에 평등한 모든 개인들의 사적 삶을 법적으로 보장해주는
것을 의미한 반면, '정치적 자유'와 '국가시민적 자유'는 공공의
삶에 참여할 수 있는 권리를 의미했다. 이와 동시에 시민 개념의
의미가 사회적 분화를 겪게 되었다. 근대 시민 사회를 구성하는
시민들, 법 앞에서 동등한 권리를 보장받는다고 선포된 시민들
이 사회 경제적으로는 매우 이질적이며 심지어 서로 대립적이기
까지 하다는 점을 반영한 것이다.
　이는 단지 관념의 변화가 아니라 실제적인 역사의 변화를 반
영했다. 자본주의 시장 경제가 지배적인 사회 시스템으로 확장
되어가면서 자본주의의 노동 분업과 계급 갈등이 모습을 드러

새로운 사회 질서의 기둥을 이루는 사회 집단들은 더 이상 구체제의
지배 세력과 투쟁하는 전선에서 하나의 대오를 형성할 수 없었고, 오
히려 이해관계에 따라 대립하기 시작했다.

내기 시작했다. 새로운 사회 질서의 기둥을 이루는 사회 집단
들은 더 이상 구체제의 지배 세력과 투쟁하는 전선에서 하나의
대오를 형성할 수 없었고, 오히려 이해관계에 따라 대립하기
시작했다. 즉 대자본과 대상인, 소자본과 소상인, 산업 노동자
와 농민, 도시 빈민 등이 서로 갈등하기 시작한 것이다. 이러한
역사의 변화와 더불어 자본주의 시장 경제의 지배 계급을 지칭
하는 부르주아와 공화국의 모든 시민, 또는 모든 인간을 포괄
하는 공민 간의 간극도 깊어졌다. 프랑스어 '부르주아bourgeois'
에서 '소부르주아petit bourgeois'라는 파생어가 갈라져 나오고, 독
일어 '뷔르거Bürger'에서도 '소시민Kleinbürger'이라는 단어가 갈라
져 나왔다. 시민 개념에서 '계급class' 차원이 전면에 부상하게
된 것이다.

　헤겔Georg Wilhelm Friedrich Hegel은 추상적인 시민 또는 국가시민
개념이 근대 시민 사회의 내적 이질성을 은폐한다고 비판했다.
시민 사회를 구성하며 실재하는 인간은 일차적으로 생존을 위한
필요를 충족해야만 하는 '사적 인간'이다. 즉 정치 공동체가 법
적으로 보장하는 제반 권리를 행사하는 이는 추상적 인간이 아
니라 필요를 충족시키기 위해 노동하는 사적 인간들이라는 것
이다. 마르크스Karl Marx와 엥겔스Friedrich Engels는 근대 시민 사회가
부르주아와 프롤레타리아 간의 계급 대립으로 구성되어 있다는
점을 부각했다. 마르크스는 자본주의 경제의 메커니즘을 분석하

헤겔

여, 자본주의 사회에서 공장, 토지 등의 생산 수단을 소유한 자본가는 그것을 소유하고 있지 않은 임금 노동자들의 노동을 착취함으로써 이윤을 창출한다는 이론을 체계화했다. 마르크스주의자들은 이와 같이 착취/피착취 관계로 돌아가는 자본주의 사회에서 임금 생활자들은 인간다운 삶을 향유하지 못하거나 최소한의 생활상의 필요를 충족하는 것조차 어렵다는 점에 주목했다. 이는 곧 자본주의의 불평등 구조가 해결되지 않는 한 현대 사회의 절대 다수를 이루는 임금 생활자들은 시민이라는 이름과 이상에 걸맞은 정치 참여와 문화적 창조를 전혀 상상할 수 없다는 이야기가 된다.

마르크스

엥겔스

　그럼에도 시민이라는 개념은 19세기와 20세기에 걸쳐 애초의 보편주의적 믿음과 이상을 상실하지 않았다. 신분, 계급, 종교, 성별, 인종, 연령, 국적에 상관없이 모든 인간은 한 명의 시민으로서 동등한 존엄성을 갖는다는 믿음, 그 존엄성은 신이나 하늘이나 자연에서 부여된 절대적 존엄성이기에 어떤 개인이나 집단도, 또 어떤 권력도 그것을 부정하거나 침해할 권리를 갖지 않는다는 믿음, 그리고 그와 같은 보편적 존엄성을 실현하려면 모든 시민의 평등한 기본권과 정치적 참여를 보장해주는 사회 질서와 정치 체제를 만들어가야 한다는 혁명적 이상은 계속해서 확산되었다. 다만 자본주의의 문제를 비판하고 노동 계급의 현실을 주목하는 사회 세력들이 강조한 바는 이런 이상들이 소수의 경제

적 강자만이 아니라 '만인에게' 가능해지는 그런 사회를 만들어
야 한다는 것이었다.

시민과 세계시민

'우리'의 울타리, '시민'의 경계선

고대 그리스이든 로마 공화국이든 합스부르크 제국이든 간에 모든 정치 공동체들은 영토를 표시하고 공동체의 내부인과 외부인을 가르는 선, 즉 경계선borderline을 갖고 있다. 이 경계선 내부에 속하는 사람은 시민의 권리를 행사할 수 있고 외부에 있다고 여겨지는 사람은 그렇지 못하다. 대한민국 국민은 대한민국 영토를 넘어서는 순간부터 대한민국 헌법이 보장하는 권리의 일부를 보장받을 수 없게 된다. 예를 들어, 일본 영화감독 미야자키 하야오宮崎駿의 애니메이션을 일본인들보다 더 깊이 이해하는 한국사람이 있다 해도 국경을 넘어가서 일본 참의원 선거에 투표할 자격은 없다. 알프스 산맥의 융프라우 정상과 제펠트 산장의 호수에 아무리 매혹되었다 해도 스위스나 오스트리아 국민이 아니면 스위스나 오스트리아의 연방 주지사로 선출될 수 없다.

문제는 경계선이 이와 같은 법적·정치적 권리에만 작용하지 않는다는 점이다. 사람들의 뇌와 심장, 눈과 입에도 '우리'와 '그들'을 나누는 경계선이 그어져 있다. 우리는 '내부'에 속한다고 여기는 사람들을 동료이자 동지로 생각하고, 외부인이라고 믿는 사람들에게는 그런 애정과 연대의식을 갖지 않는다. 9·11 테러 이후 많은 미국인들이 이슬람 테러리스트들이 선량하고 무고한 미국 시민들을 무참하게 죽인 것에 애통해하고 분노했다. 그러나 미국인들이 미국의 이라크 침공으로 인해 무고한 이라크 시민들이 무참하게 죽어간 것에 마찬가지로 애통해하지 않는다면 그들의 영혼에는 인류를 미국인과 비미국인으로 나누는 경계선이 그어져 있는 것이다.

　앞에서 살펴보았듯이 시민의 이념과 제도가 오랜 역사를 거쳐오면서 점점 더 많은 사람들에게, 점점 더 풍부한 권리를 부여하게 되었다는 점을 확인했다. 처음에는 노예 소유주와 귀족에게만 해당되던 권리와 문화가 상인과 수공업자에게까지, 그리고 노동자와 농민에게까지 확대되어왔다. 그러나 이러한 정치적 권리와 연대 정신이 오직 '내 나라 사람'에게만 적용된다고 하면 어떻게 될까? "한국 사람이라면 종교, 성별, 재산, 직업에 상관없이 모두 동등한 인권과 존엄성을 인정받아야 한다. 하지만 한국에 살고 있는 베트남 사람, 필리핀 사람, 몽골 사람은 같은 시민으로 존중해줄 필요가 없다." 이렇게 되지 않을까?

나와 다른 이들에 대한 울타리

우리의 일상 언어에도 수많은 울타리들이 쳐져 있는데 불행히도 그것은 많은 경우 지배와 불평등의 기제를 담고 있다. 예를 들어 '유색 인종'이라는 단어는 '무색 인종'을 전제하는데 이는 오직 유색 인종으로 명명되는 자들만이 피부색이 문제되는 열등 인종이라는 뜻을 내포한다. 또한 사람들은 미국의 제44대 대통령 오바마의 부모 중 한쪽이 아프리카인이라는 이유로 그를 '흑인'이라고 명명하는데, 이는 과거 나치 독일이 유태인의 피가 전혀 섞이지 않은 '순수한 아리안족' 관념에 매달렸던 것과 근본적으로 같은 사고방식이다.

이것은 바로 제도와 정체성의 '울타리'에 관련된 문제다. 아무리 고매한 이념, 훌륭한 제도라 할지라도 그것이 배타적인 울타리 안에서만 적용된다면 그 울타리 밖에 있는 사람들에게는 가혹하고 억압적이며 폭력적인 태도를 보일 수 있다. 현대 사회에서 가장 대표적인 법적·정치적 울타리는 '국적'을 기준으로 그어진다. 오스트리아의 복지 제도가 아무리 좋아 보여도 그 나라에서 외국인으로 살아가고 있다면 그림의 떡일 뿐이다. 외국인에 대한 법과 제도가 적용될 뿐이기 때문이다. 이런 울타리는 국적에만 있는 것이 아니다. 다른 종교를 가진 사람을 악마나 사탄으로 바라본다면, 다른 피부색과 외모를 가진 사람을 천민이나 잠재적 범죄자처럼 취급한다면, 거기에는 다른 인간을 나와 같은 동료 시민으로 인정하지 않는 높은 울타리가 있는 것이다.

이처럼 시민의 문화와 제도가 얼마나 보편적이고 포용적인지는 단지 그 문화와 제도의 내용만 갖고 평가할 수 없다. 그것은 무엇보다도 '우리'와 '그들'을 나누는 경계선과 깊은 관련을 맺고 있다. 즉 '누가 우리인가we-ness'를 정의하는 집단 정체성의 문제이다. 아무리 이념과 법의 내용이 훌륭하다 할지라도 그것이 적용되는 '우리'가 특정한 국적, 종교, 민족에게 국한된다면 거기서 배제된 '그들'에게 이 모든 훌륭한 법과 이념이 무슨 의미가 있겠는가? 자기 나라 사람들끼리는 관용, 평등, 연대의 시민 문화를 자랑하면서 자기들보다 못살고 힘없다고 여기는 다른 나라 사람들의 존엄성은 무시하는, 그러한 시민 문화는 근본적으로 위선적이고 모순적이다. 그래서 미국의 사회학자인 칼훈Craig Calhoun은 시민 담론에서 시민 사회의 구성원이 되는 인민people을 과연 어떻게 정의할 것인지의 문제가 상당히 중요하다고 말했다. 우리가 민주주의에 대해 이야기할 때 과연 누가 민民인가? 우리가 자결自決에 대해 얘기할 때 과연 누가 자自인가? 우리가 시민권에 대해 이야기할 때 과연 누가 시민이며 누가 아닌가? 나는 한국 사람들이 미국과 유럽에서 무시당한 사건에 분개하는 것만큼 한국에 와 있는 동남아 사람들이 한국인들에게 무시당하고 사는 것에 책임감을 느끼는가? 나는 대한민국이 강대국들의 횡포에 맞서 국가적 주권을 지켜야 한다고 믿는 것처럼 대한민국이 그보다 더 약한 국가들의 주권을 보장해주는 데 동참해야 한다고 믿는가?

세계시민주의의 역사

세계시민cosmopolitans이라는 개념과 세계시민주의cosmopolitanism의 이념은 바로 위와 같은 질문들과 씨름하는 가운데 발전되었다. 세계시민 개념의 기원은 기원전 4세기경에 형성된 견유학파犬儒學派(또는 키니코스κυνικος 학파)로 거슬러 올라간다. 안티스테네스, 디오게네스 등의 철학자로 대표되는 이 학파는 일상화된 사회적 우주, 즉 코스모스를 공동체로 하여 그에 속하는 모든 인류를 동료 시민으로 간주하는 세계시민주의는 세계 전체cosmos가 정치 공동체polis가 되어야 한다는 이념을 표방한다. 여기에서 시민의 공동체는 도시와 국가를 넘어 세계로 확장된다.

관습과 제도에서 벗어나서 금욕적인 삶을 영위하고자 했다. 이들은 많은 사람들이 따르는 관습, 제도, 욕망을 깨뜨리고 정형화된 학문과 예술을 거부함으로써 진정한 덕성에 근거한 삶의 방식을 발견하려 했다. 오늘날 '냉소적'이라는 뜻으로 사용되는 'cynical'이라는 단어

디오게네스와 알렉산더 대왕을 묘사한 그림

도 견유학파(영어로 Cynics)가 다수 사람들의 사유 방식과 생활 방식에 전혀 개의치 않았던 태도에서 유래했다.

　세계시민의 문제와 관련하여 중요한 것은 견유학파가 회의를 품었던 사회적 관습 중 하나가 바로 폴리스라는 정치 공동체에 대한 시민들의 헌신과 참여였다는 점이다. 견유학파가 보다 중요시했던 공동체는 폴리스를 넘어서는 우주적 공동체, 즉 코스모스cosmos · κόσμος였다. 이러한 우주, 즉 코스모스를 공동체로 하여 그에 속하는 모든 인류를 동료 시민으로 간주하는 세계시민주의는 세계 전체cosmos가 정치 공동체polis가 되어야 한다는 이념을 표방한다. 여기에서 시민의 공동체는 도시와 국가를 넘어 세계로 확장된다. 즉 그리스 시민, 볼리비아 시민, 남아공 시민, 미국 시민이 모두 동등한 가치와 권리를 갖는 세계시민의 구성원으로 간주되어야 한다는 것이다.

　근대의 세계시민 개념은 대략 18세기경에 형성되었는데, 이는 이 시기에 사람들의 관계와 소통 범위가 세계적 차원으로 급

세계시민은 독일, 프랑스, 영국 등 한 '국가', 한 '국민'의 행복만을 추구하는 것이 아니라 모든 '인간'의 행복을 열망하고 촉진하려는 자이다. 세계시민주의자들은 이러한 보편 규범과 가치가 애국보다 우선해야 한다고 믿었다.

격히 확장된 점과 관련이 있다. 물론 유럽인들이 말하는 이른바 '지리상의 발견'은 이미 15~16세기경에 시작되었지만 근대적 교통·운송 기술의 발전은 18~19세기에 와서야 이뤄졌다. 특히 18세기에 시작된 산업 혁명으로 증기선과 증기 기관차가 발명되어 사람들은 이제까지 상상도 하지 못했던 짧은 시간에 상상 속에서나 가능했던 원거리 지역으로 갈 수 있게 되었다. 이처럼 지리적인 이동 범위가 급격히 확장되고 원거리 무역과 산업 활동이 확대되어감에 따라 이제까지 서로를 알고 이해해야 할 필요가 전혀 없었던 이방인들에 대한 관심이 높아졌다. 이와 더불어 철학자들은 그러한 변화에 따르는 정치적·윤리적 문제들을 고심하기 시작했는데, 그것의 정신적 산물 가운데 하나가 바로 근대적 세계시민주의라고 할 수 있다.

이 시기에 독일과 프랑스의 계몽주의자들은 세계시민 개념에 역사적으로 완전히 새로운 의미를 부여했다. 이들에게 세계시민은 특정한 국가에 충성하는 애국자, 특정한 군주에게 복종하는 신민, 또 특정한 도시에 정주하는 도시민과 구분되는 의미를 가졌다. 세계시민은 독일, 프랑스, 영국 등 한 '국가', 한 '국민'의 행복만을 추구하는 것이 아니라 모든 '인간'의 행복을 열망하고 촉진하려는 자이다. 세계시민주의자들은 이러한 보편 규범과 가치가 애국보다 우선해야 한다고 믿었다. 프랑스의 계몽철학자 볼테르Voltaire는 지구상에 살고 있는 다른 사람들과 다른 민족을

볼테르

이해하는 일이 단지 실리적으로 중요한 것이 아니라 평화적인 상호 의존과 공존을 위한 윤리적 책임이기도 하다는 점을 강조했다. 나아가 1788년에 당대 독일의 저명한 시인이었던 빌란트 Christoph Martin Wieland는 세계시민이라면 세계를 하나의 국가로, 세계의 모든 인간을 한 국가의 시민으로 간주해야 한다고 주장했다. 단지 이방인을 이해하는 것이 아니라 그들을 이방인으로 여기지 않는 공동체 의식, 그리고 세계의 모든 인간이 동등한 존엄성과 권리를 갖는다는 만민평등주의가 필요하다는 것이다.

빌란트

평화, 인정, 이해

칸트는 세계시민주의에 입각하여 새로운 국제 질서를 구상하는 데까지 나아갔다. 그의 영구평화론은 오늘날까지도 국제 정치와 국제 관계 이론에서 매우 중요한 사상적 원천이 되고 있다. 칸트는 1795년에《영원한 평화를 위하여Zum ewigen Frieden》라는 유명한 논저를 발표했는데, 여기에서 그는 모든 국가가 자기 이익만을 추구할 경우 만인에 대한 만인의 투쟁으로 귀결될 것이라고 보고 이러한 문제를 이성적으로 극복하여 평화 공존으로 나아가기 위한 구체적 방안들을 제시했다. 칸트는 또한 1800년에《실용적 관점에서 본 인간학Anthropologie in pragmatischer Hinsicht》이라는 저작에서 세계시민적 관념의 필요성을 다음과 같이 역설했다. "인류는

칸트의 《영원한 평화를 위하여》 초판본

서로 맞대고 살아가는 수많은 사람들의 집합체다. 이들에게 평화 공존은 불가결한 것이지만 그럼에도 항상적인 갈등을 막을 수 없다. 그러므로 이들 자신에게서 유래한 법을 서로에게 강제함으로써 '세계시민 사회weltbürgerliche Gesellschaft'로 연합하게 하는 것이 당연하게 느껴진다. 이 연합은 언제나 거기서 이탈하는 자들에게 위협받겠지만 전반적으로는 점차 발전해갈 것이다."

그렇다면 세계시민 사회와 평화 공존은 어떤 방식으로 가능해지는가? 칸트는 여러 국가로 나뉘어 있는 세계가 하나의 세계 공화국으로 통합되기는 어렵다고 보고 다양한 수준의 연맹과 연합을 제안했다. 여기에서 칸트는 세계시민권cosmopolitan rights이라는 개념을 발전시켰는데, 이것은 세계의 모든 시민이 어디에나 여행하고 체류할 수 있는 권리, 어디서나 적대적으로 대접받지 않을 권리, 지구에 대한 공동의 권리와 책임 등을 포함했다. 이것은 고대 그리스와 로마에서 시작된 시민권 관념을 세계적 차원으로 확대한 것이기도 하며, 나아가 근대 철학에서 추상적·원론적 수준에서만 토론된 세계시민주의를 보다 구체적이고 실제적인 법적·제도적 구상으로 발전시켰다는 점에서 그 기여가 크다. 실제로 1차 세계대전 이후 결성된 국제연맹League of Nations, 2차 세계대전 이후 결성된 오늘날의 국제연합United Nations, 즉 UN 등은 칸트의 영구평화론과 직간접의 관련성을 갖고 있다. 하지 우리가 살고 있는 세계는 서로 이질적이고 때로는 상충하는 가치와 규범, 문화와 공동체들이 공존한다. 그러므로 세계화된 시대를 살아 가면서 접하게 되는 '타인'들을 인정하고 이해하는 일은 최소한의 평화 공존을 위해 형식 규범을 세우는 것 못지않게 중요한 과제이다.

만 근대 민주주의와 법치주의가 모든 국민의 평등을 형식적으로 보장할 뿐 여전히 자본주의하에서 실질적인 불평등 문제를 안고 있듯이 세계시민권의 이념 또한 국가 간의 엄청난 경제적 격차와 정치 군사적 불평등 문제를 보완할 때에만 실질적인 내용을 가지게 될 것이다.

칸트의 세계시민주의는 이처럼 세계의 모든 개인과 국가의 평화 공존을 지향하는 이념이었지만 우리가 살고 있는 세계는 서로 이질적이고 때로는 상충하는 가치와 규범, 문화와 공동체들이 공존한다. 그러므로 세계화된 시대를 살아가면서 접하게 되는 '타인'들을 인정하고 이해하는 일은 최소한의 평화 공존을 위해 형식 규범을 세우는 것 못지않게 중요한 과제이다. 그래서 가나 출신의 프린스턴 대학 철학 교수인 애피아Kwame Anthony Appiah 는 세계시민주의의 두 가지 기둥이 바로 '의무'와 '인정'이라고 말했다. 즉 우리는 다른 나라에 살고 있거나 다른 나라에서 온 이방인들이 자신과 동등한 존엄성을 인정받아야 한다는 도덕적 의무를 가지는 한편, 가치와 문화의 차이를 인정하고 대화를 통해 서로를 이해하려는 노력을 계속 해나가야 한다는 것이다.

그런 의미에서 세계시민 개념은 이슬람교도가 금식 기간을 지키는 것과 충돌하지 않으며 개신교도가 새벽 기도회에 나가는 것을 반대하지 않는다. 다만 이슬람교도는 개신교도들을 '믿지 않는 자'(이슬람교를 믿지 않는다는 이유에서)라 부르면서 적대시하지 않아야 하며, 개신교도들 또한 이슬람을 '거짓 영'(개신교를 믿지 않는다는 이유에서)으로 규정하고 이슬람 금식 기간 동안 '영적 전투'를 벌이는 일을 중단해야 한다. 타인의 믿음을 인정한다는 것이 내가 그와 같은 믿음을 갖는다는 것을 의미하지 않으며, 타인의 가치를 인정한다는 것이 곧 내가 그와 똑같은 가치를 지향한다는 뜻은 아니다. 그래서 우리는 가톨릭 신자이면서, 저녁놀이 붉게 비치는 한강을 사랑하는 대한민국의 국민이면서, 또한 동시에 세계시민일 수 있다.

시민의 다중적 정체성

정체성identity은 자신이 누구이며 어떤 공동체의 일원으로 인식하는지와 관련된 개념
이다. 한 사람의 시민적 정체성은 항상 그의 계급, 국가, 세계시민적 정체성과 함께 복
잡한 관계에 놓여 있다. 시민의 정체성은 무엇보다도 스스로를 정치적·도덕적 자유와
권리를 가진 주체로 인식하고 그에 상응하게 행동하는 것을 뜻한다. 이러한 정체성
은 노동자로서의 정체성, 어떤 국가의 국민적 주권자로서의 정체성, 나아가 보편적 인
류 공동체 일원으로서의 정체성 등과 공존하고 연계될 수 있다. 그런 의미에서 우리
는 다중적 정체성multiple identities 속에서 자신의 세계관과 삶의 방식을 만들어간다고
할 수 있다. 그래서 시민적 공화주의civic republicanism나 헌정 애국주의constitutional
patriotism와 같은 사상적 조류에서는 특수한 정치 공동체에 대한 애정과 헌신을 통
해 그 공동체의 경계를 뛰어넘는 보편적 이념에 봉사하는 것이 가능하다고 본다. 하
지만 다양한 정체성들 사이에는 언제나 긴장과 모순이 포함되어 있다. 시민들이 자기
나라의 민주주의와 인권을 열망하면서도, 자기 나라가 다른 나라에 대해 불의와 폭력
을 행사하는 것에 대해서는 관대한 경우가 있다. 또한 민주주의의 이름으로 중산층의
자유와 권리를 외치는 시민들이 다른 사회적 약자의 고통에 대해서는 눈감을 때가 많
다. 순수하게 보편주의 이념과 이상만을 좇아 생각하고 행동할 수는 없지만 우리의
특수한 정체성이 다른 누군가의 존엄과 자유를 배제하고 있는 것은 아닌지 늘 돌아봐
야 할 것이다.

4장

시민의 이념

개념에 담긴 이념의 힘

지금까지 시민 개념이 변화해온 역사적 과정과 사회적 맥락을 살펴보았다. 책머리에서 이야기했듯이 '개념'은 단순히 하나의 '단어'가 아니다. 하나의 역사적 개념 안에는 장구한 세월 동안 진행되어온 정치·경제·사회·문화의 변화 흔적들이 여러 층위로 응축되어 있다. 그러므로 당연히 그러한 역사와 대화하는 가운데 생성되고 발전한 이념들 역시 역사적 개념들로 빽빽이 채워진다. 그리고 그러한 이념들은 단지 역사를 반영할 뿐만 아니라 역사를 만드는 힘이 되기도 한다. 인류 역사에서는 개념이 세상을 바꾸는 강력한 힘을 발휘하기도 한다.

　시민들의 양심과 사상, 표현과 행동이 억압되는 상황에서 누군가가 "이것은 독재다!"라고 말한다고 하자. 이때 사람들은 저마다 '독재'라는 개념에 얽혀 있는 역사의 장면들을 곧바로 연상하게 된다. 그리고 그 역사의 장면은 현재를 해석하고 평가하며 그에 대응하는 준거점이 된다. 민주공화국에서 정부가 언론의 자유를 침해할 때, 집회와 시위의 자유를 과도하게 제한할 때, 서적 등 표현물의 집필과 유통을 정치적 이유로 금지할 때, 사법부의 판단을 무시하고 자의적으로 공권력을 집행할 때, 그것을 '독재'라고 명명한다면 이는 곧 위헌이며 국가 질서의 근간을 부정하는 행위임을 뜻하는 것이다. 일상 세계에서도 개념의 힘은

강력하다. 남성 상사가 회식 자리에서 여사원에게 성적인 행위
를 할 때 여사원이 그저 침묵한다면 그것은 곧 상사가 행한 행동
의 정당성을 인정하거나 최소한 그의 권력을 인정하는 것이 된
다. 그러나 누군가 "이건 성폭력이다"라고 규정한다면 그 상사의
행동은 곧바로 '성폭력'이라는 개념에 내포되어 있는 도덕적 비
난과 법 규정들과 연계된다.

　　그렇기 때문에 '독재'와 '성폭력'이라는 개념은 각각 독재자와
성폭력범에게 두렵게 다가온다. 그 이유는 무엇일까? 그것은 바
로 이 개념에 내포된 이념 때문이다. 어떤 개념을 사용한다는 것
은 오랜 역사 동안 수많은 사람들이 그 개념에 부여한 이념을 공
유하는 것과 같다. '독재'라는 개념의 힘은 개념 자체의 힘이 아
니라 민주주의 이념을 지향하는 다수 시민들의 결집된 힘이고,
'성폭력'이라는 개념의 힘 역시 인간의 육체적 자주성이라는 이
념을 지향하는 도덕과 법률에서 온다. 이런 맥락에서 지금부터
시민 개념에 내포된 몇 가지 주요한 이념들을 들여다보면서 시
민 개념이 발휘하는 정치적·문화적 힘의 원천을 알아보자. 그럼
으로써 '시민의 권리', '시민의 권력', '시민의 참여'가 어떻게 세
상을 바꾸는 위대한 언어가 될 수 있는지 알아보자. 이를 위해
이 장에서는 근대 정치·사회사상의 근간이 되는 몇몇 지적 흐름
에서 발전된 세 가지 시민의 이념, 곧 '자유로운 시민', '연대하는
시민', '참여하는 시민'의 모습을 살펴볼 것이다.

1

자유로운 시민

자유를 사랑해야 하는 이유

자유는 근대 정치사상의 핵심 개념 중 하나이다. 자유는 흔히 인간이라면 마땅히 누려야 할 당연한 권리라고 생각된다. 그러나 실제로 그럴까. 아이를 예로 들어보자. 갓난아기는 양육자가 눕혀놓은 자리에서 조금도 움직일 수 없고, 젖을 주지 않으면 굶을 수밖에 없으며, 씻겨주지 않으면 청결한 상태를 유지하지 못한다. 즉 자유로운 상태라고 할 수 없다. 그러나 인간은 태어나면서부터 자유 의지를 갖고 행동의 자유를 갈망하며 능력을 키워가는 존재이다. 갓난아기가 성장하여 자아를 형성해가는 시기에 가장 먼저 배우는 표현 중 하나가 바로 '싫어!', '아니야!'이다. 이는 아이가 부모의 의지와 자신의 의지가 다르다는 것을 스스로에게, 그리고 부모에게 확인시키는 최초의 표현이다. 이를 내뱉음으로써 아이는 자유 의지를 가진 인간으로서 희열을 느끼게 된다. 이후 신체적·정신적 성장을 계속해가면서 아이는 점점 자기가 원하는 옷을 입고 가고 싶은 곳에 가며 먹고 싶은 것을 먹을 수 있게 된다. 이제 '자유인'이 된 것이다!

그렇다면 지금 아이가 아닌 우리는 자유로운가, 자유롭지 않은가? 진정한 자유는 무엇인가? 지금 나의 자유가 너의 자유를 침해하고 있지는 않은가? 나와 너의 자유는 어떻게 공존할 수 있는지 배우고 있는가? 그러나 대부분 가족 내의 사회화 과정에서부터 자유를 빼앗기고 말아 자유가 무엇인지, 자유로운 개인의 공존이 무엇인지 배우지 못하는 경우가 많다. 아이의 자유 의지를 억압하는 권위적인 부모 밑에서 성장한 아이는 단지 자유를 체험하지 못할 뿐만 아니라 자유가 무엇인지, 자신과 타인의 자유가 공존하려면 어떻게 해야 하는지도 알지 못한다. 아이의 자아가 성장하고 자의식이 강해질수록, 부모는 아이와 대화하고 아이를 설득하며 때로는 협상하고 타협해야 한다. 그렇지 않고 일방적으로 부모의 의지를 강요하면 아이의 내면에서 슬픔과 분노가 자라난다. 그렇게 성장한 아이는 자신의 자유를 체험하지 못할 뿐 아니라 타인의 자유에 대해서도 진지하게 성찰할 계기를 갖지 못한다. 부모의 의지는 그들의 자유가 아니라 단지 아이인 나에 대한 지배, 내가 이겨야 할 권력, 내가 벗어나야 할 폭력으로만 체험되기 때문이다.

이처럼 자유를 경험하지 못하고 알지 못하며 타인의 자유를 자유는 주어지는 것이 아니라 쟁취해야 하며, 나아가 만인의 자유가 공존할 수 있는 방식으로 행사되어야 한다.

배려할 줄도 모르는 인간은 주체적으로 판단하고 행동하기 어려울 뿐 아니라 타인의 자유를 존중하는 자유의 실천도 하기 어렵다. 자유는 주어지는 것이 아니라 쟁취해야 하며, 나아가 만인의 자유가 공존할 수 있는 방식으로 행사되어야 한다. 그래서 고대부터 근대에 이르기까지 철학자들이 자유의 가치, 자유의 의미, 자유의 조건과 자유의 규칙에 대해 수많은 책을 쓰고 토론해왔다. 그렇다면 '자유로운 시민'은 과연 어떤 사람인가?

시장 자유주의의 관점

자유주의적 전통은 시민적 이상을 사회적으로 실현하는 데에서 자유가 갖는 중요성을 가장 강조한 흐름이다. 17세기 영국의 철학자 로크John Locke는 인간 사회를 일차적으로 비정치적 성격의 공동체로 이해했다. 그에 따르면 사회는 기본적으로 각자의 욕망과 이익을 추구하는 인간 주체들이 상호 작용하는 장이다. 그러므로 갈등과 충돌이 있기 마련이고, 그래서 모든 시민 사회 구성원들은 안전을 보장받으면서 공존하고자 한다. 바로 이 지점에서 '정부'라는 하나의 사회적 계약이 필요하다. 로크의 자유주의 사상에서 정부의 가장 중요한 역할은 개인들의 재산권과 더불어 사상, 신앙, 언론 등의 기본권을 보장하는 것이다. 그러므로 시민들은 정부가 바로 이 역할을 수행한다는 조건하에서만 정부

로크

의 공적 권위를 인정해야 한다. 만약 정부가 사회 구성원들의 양심과 사상, 표현과 결사의 자유를 박탈하거나 법에 보장되어 있는 개인의 소유권을 침해한다면 시민 사회는 그 존립 자체를 위협받게 된다. 국가가 모든 것인 곳에서, 독립적인 시민들이 구성하고 움직이는 시민 사회는 존재하지 않는다.

그런데 로크가 자유의 조건으로 언급한 개인의 기본권과 재산권 가운데 특히 후자의 측면을 강조한 흐름이 있었다. 이러한 흐름에서는 시민 사회civil society가 시장 사회market society와 동일시되는 경향이 있어 이를 시장 자유주의market liberalism라고 부르기도 한다. 이 전통의 근본 전제는 다음과 같다. 즉 시민 사회를 구성하는 인간은 모두 자신의 '욕망'을 충족하고 '이익'을 달성하기 위해 합리적 수단을 찾아 행동하는 존재이다. 이러한 전제에서 보면 사회가 보장해줘야 할 가장 중요한 자유는 바로 이익 추구의 자유이며, 불가침의 근본 권리는 다른 무엇보다도 개인의 재산권이라 할 것이다. 그렇다면 '자유로운 시민'이란 욕망과 이익을 자유롭게 추구할 수 있는 조건을 보장받은 시민을 뜻하게 될 것이다. 이 전제 위에서 시장 자유주의자들은 사회적 합리성에 관해 다음과 같은 믿음을 확산시켜왔다. 즉 경제적 소유권과 자유로운 이익 추구가 보장되기만 하면, 제각각 자기 이익을 추구하는 개인들이 시장 메커니즘을 통해 상호 작용함으로써 사회 전체의 최대 이익, 모든 사회 구성원의 최대 이익에 이르게 된다

국가가 모든 것인 곳에서, 독립적인 시민들이 구성하고 움직이는 시민 사회는 존재하지 않는다.

는 것이다. 그러나 이러한 전제와 믿음은 철학적·사회과학적으로 많은 문제를 안고 있었다. 그리하여 이에 반대하여 자유주의적 시민 이념의 문제를 성찰하는 흐름이 나타났다.

사적 욕망을 넘어서는 자유

먼저 시민 사회의 모든 인간들이 욕망과 이익을 추구하는 존재라는 전제부터 살펴보자. 시장 자유주의 전통에서 욕망과 이익이 무엇을 의미하는지는 아직까지도 불분명하다. 주식 투자의 달인이 되어 부자가 되고 싶어 하는 것과 안전한 먹을거리와 쾌적한 환경을 보장받고 싶어 하는 것, 빈민이나 장애인을 돕고자 자원봉사를 하는 것은 모두 같은 의미에서의 욕망과 이익의 추구라고 할 수 있을까? 욕망과 이익에 해당하는 영어 'desire'와 'interest'를 각각 '바람'과 '관심'으로 번역함으로써 이 문제를 간단히 해결할 수 있다. 바람과 관심은 욕망이나 이익보다 훨씬 포괄적인 의미를 갖고 있으며, 도덕적 가치 판단에 훨씬 덜 연루되어 있기 때문이다. 그러나 시장 자유주의자들이 말하는 desire와 interest는 이런 의미에서 사용될 수 없을 것 같다. 이들이 염두에 두고 있는 인간 행위는 공공 의제와 관련된 행위나 도덕적인 동기에서 유래한 행위가 아니라 개인의 경제적인 이익을 극대화하는 이기적 행위이기 때문이다. 이것은 인간 본성에 대한 극단적 환원론이므로, 그러한 전제에서 출발한 자유의 이념은 대단히 협소하고 일면적일 수밖에 없다. 거기서 자유란 욕망을 좇을 자유, 이익을 추구할 자유, 재산을 보호받을 자유일 뿐이다.

하지만 이익, 도덕, 권력, 무의식 등 인간 본성의 다원성과 복잡성을 인정하는 관점에서 본다면 '자유로운 시민'이 갖는 의미는 시장 자유주의자들이 생각하는 것보다 훨씬 더 풍부하고 복잡한 내용을 갖게 될 것이다. 18세기에 형성된 일련의 자유주의 흐름 가운데는 이처럼 폭넓은 자유의 이념을 가졌던 사상가들이 있었다. 그중 대표적인 이들이 나중에 지성사가들에 의해 '스코틀랜드 계몽주의Scottish Enlightenment'라고 불리게 된 일군의 학자들이다. 여기에는 스미스Adam Smith, 허치슨Francis Hutcheson, 퍼거슨Adam Ferguson 등의 학자들이 포함된다. 이 학파에 속하는 학자들 중 다수가 경제학자였지만, 그들은 동시에 '도덕 철학moral philosophy'이라고 하는 독특한 관점을 발전시켰다. 도덕 철학은 인간 본성과 행위의 도덕적 차원을 규명하고, 개인의 도덕적 삶과 사회의 질서 형태가 서로 어떤 관계에 놓여 있는지를 탐구하는 데 특별한 관심을 가졌다. 그러므로 이들은 시장 자유주의자들과 달리 포괄적이고 다원적인 인간학적 전제에서 출발했다고 볼 수 있다.

스코틀랜드 계몽주의자들은 근대적 시장 경제의 작동 방식을 밝혀내는 데 중대한 역할을 했을 뿐 아니라 시장 경제의 역동성

애덤 스미스

퍼거슨

근대 시민 사회에서 중요한 것은 단지 이익 추구의 자유와 재산권 보호만이 아니다. 시민들은 자기의 벽에 갇혀 돈과 성공의 노예가 되지 말고 타인과 사회에 대한 배려 속에서 살아갈 줄 아는 도덕적 자유의 능력을 갖고 있어야 한다.

과 진보성을 끊임없이 강조했다. 그러나 스코틀랜드는 잉글랜드의 변방에서 자본주의와 시장 경제의 영향을 가장 직접 받았으면서도 잉글랜드의 부富는 나눠 갖지 못했다. 스코틀랜드는 극심한 불평등과 빈곤, 사회적 해체와 범죄 증가 등 심각한 사회 문제들에 시달렸다. 그래서 스미스와 퍼거슨 등은 재산권과 이익 추구를 보장하는 시장 경제 질서가 적절한 방식으로 보완되지 않을 때, 그것은 오히려 모든 인간을 욕망의 노예로 만들고 사회적으로는 빈민들의 경제적 자립성을 붕괴시킬 것이라고 생각했다. 이들은 개인들의 탐욕이 곧 사회 전체의 공공선을 위한 동력이라는 시장 공리주의의 믿음을 심각하게 회의하고 있었던 것이다.

자본주의 시장 경제는 욕망에 기초를 두고, 욕망에 의해 활기를 얻으며, 욕망이 없이는 작동할 수 없는 체제다. 스코틀랜드의 도덕 철학자들은 이러한 시장 경제의 역동성이 사회 해체와 도덕적 붕괴를 낳을까봐 우려했다. 그러므로 근대 시민 사회에서 중요한 것은 단지 이익 추구의 자유와 재산권 보호만이 아니다. 시민들은 자기의 벽에 갇혀 돈과 성공의 노예가 되지 말고 타인에 대한 배려와 사회의 공적 이익에 대한 관심 속에서 살아갈 줄 아는 도덕적 자유와 능력을 갖고 있어야 한다. 자본가와 부자만이 아니라 평범한 중산층과 서민들이 모두 경제적으로 자립할 수 있어야 비로소 만인의 자유가 가능해진다.

도덕적 자유와 시민 불복종

개인의 도덕적 자유, 즉 양심에 따라 판단하고 행동할 수 있는
자유는 종종 크고 작은 정치적 함의를 갖는다. 어떤 정부 형태,
제도, 또는 정책이 개인들에게 자신의 도덕적 양심에 반하는 행
동을 강요하면 개인의 도덕적 신념은 정치적 저항의 의미를 갖
게 되며 도덕적 자유의 의지는 정치적 자유의 의지와 동일한 것
이 된다. 이와 같이 시민의 도덕적 자유와 정치적 자유가 긴밀하
게 연계되는 대표적 예가 바로 시민 불복종civil disobedience이다. 시
민 불복종은 우리에게 익숙한 민주주의나 법치주의의 원리와 어
느 정도 충돌하고, 또 그것을 넘어서는 급진성을 갖고 있는 이념
이다. 이것은 선거로 선출한 정치 대표자의 권위를 인정하지 않
을 수도 있고, 문제가 되는 특정한 법률의 타당성을 부정할 수
도 있으며, 경찰이나 공무원의 공적 권위를 인정하지 않을 때도
있기 때문이다. 그러므로 시민 불복종은 민주주의와 법치주의
의 원리를 긍정하는 가운데, 자기 나름의 분명한 도덕적 판단 근
거를 제시할 수 있는 범위에서만 행사할 수 있는 권리이다. 물론
만약 정부와 정치권력 전체가 민주주의와 법치주의의 원리를 훼
손하고 있다면 시민 불복종은 국지적 의제를 넘어 매우 광범위
하게 전개될 수도 있을 것이다.

시민 불복종은 인도의 간디Mohandas Karamchand Gandhi, 미국의 루

간디와 그를 따르는
사람들

터 킹Martin Luther King, Jr. 목사 등 몇몇 세계사적 인물
들에 의해 널리 실천된 바 있다. 우리의 관심사인
'시민'의 이념과 관련하여 시민 불복종의 사상을 대
표하는 인물은 미국의 작가이자 《시민 불복종》의
저자인 소로우Henry David Thoreau이다.

《시민 불복종》에서 소로우는 단지 투표장에서
대표자들을 선출하고 그들이 하는 일에 무조건 따르는 것이 결
코 시민의 자유가 아님을 강조했다. 개인의 양심은 누구에게도
위임할 수 없으며 도덕적 판단은 누가 대신해줄 수 없는 것이기
때문이다. "한순간이라도, 아주 잠깐이라도, 시민이 자신의 양심
을 입법자에게 내맡길 수 있는가? 그렇다면 당신에게 양심은 왜
있는가? 우리는 먼저 인간이어야 하고, 그다음에 국민이어야 한
다. 법에 대한 존경심보다는 먼저 정의에 대한 존경심을 길러야
한다." 이러한 시민 불복종의 이념은 시민의 도덕적 자유 또한
전체주의적으로 왜곡된 다수결 원리에 압살되어서는 안 된다고

소로우

믿는다. 다수결의 원리는 현대의 거대하고 복잡한 사회에서 대
의 민주주의를 현실화하기 위한 방법이지만, 그렇다고 해서 소
수자에 속하는 사람들이 다수자의 생각과 판단까지 받아들여
야 하는 것은 아니다. 정부가 하는 일, 또는 다수의 사람들이 따
르는 일이라도, 그것이 도덕적 양심에 반한다면 저항할 수 있다.
그것이 도덕적 자유이다. 개인들의 도덕적 자유와 자기 양심에

"한순간이라도, 아주 잠깐이라도, 시민이 자신의 양심을 입법자에게 내맡길 수 있는가? 그렇다면 당신에게 양심은 왜 있는가? 우리는 먼저 인간이어야 하고, 그다음에 국민이어야 한다. 법에 대한 존경심보다는 먼저 정의에 대한 존경심을 길러야 한다."

—소로우

충실할 수 있는 권리를 억압하고, 다수의 뜻이므로 따라야 한다는 것은 전체주의이다.

도덕적 자유는 법도 경찰도 총칼로도 없앨 수 없는 인간의 근원적 자유이다. 독일의 사회학자 포피츠Heinrich Popitz가 자신의 저작《권력 현상Phänomene der Macht》에서 말한 순교자의 힘은 바로 이 불가침의 자유에서 오는 것이 아닐까? "폭군은 순교자의 생명을 빼앗을 수 있지만, 그가 죽음도 불사하는 것을 막지는 못한다." 죽음의 위협에도 도덕적 양심의 목소리에 충실한 순교자, 그의 앞에서는 어떤 폭력도 무력할 수밖에 없다. 그것이 자유이다.

2

연대하는 시민

시민의 권력과 시민적 결사체

'연대solidarity'는 시민의 이념에서 중요한 위치를 차지하는 또 하
나의 개념이다. 독일의 사회학자 촐Rainer Zoll은 연대를 "동등한 사
람들 사이의 사회적 결합"이라고 정의했다. 이 정의의 핵심이 되
는 세 가지 규정은 '동등한' '사회적' '결합'이다. 첫째, 연대는 거
기에 참여하는 사람들의 가치·권리·권력의 평등equality을 인정하
는 관계이다. 그러므로 연대는 위계적이고 불평등한 관계와 구
분되며 지도자와 추종자 사이의 공생 관계와도 다르다. 둘째, 연
대는 사회적social 성격을 갖는다. 즉 개인들의 차이에도 불구하고
공유하는 가치와 목표와 규범을 갖고 있다. 그런 의미에서 연대
는 단지 개개인의 이해관계가 일치하기 때문에 모인 집단 이익
의 추구와 구분된다. 셋째, 연대는 사람들 사이의 연합association이
다. 즉 공동체 의식, 동료 의식, 또는 형제자매애를 갖고 서로 소

통하고 함께 행동하는 집단이다. 그러므로 단지 욕망을 공유하는 사람들끼리의 담합이나 일시적으로 집단 감정에 사로잡힌 군중 행동을 연대라고 부르지 않는다.

이 연대가 시민의 이념에서 왜 그토록 중요한 것일까? 가장 중요한 이유는 정치적·경제적 거대 권력을 견제할 수 있는 가능성은 오직 시민들의 결집된 힘에서 나오기 때문이다. 많은 사람들이 가장 강한 권력은 타인을 강제할 수 있는 능력에서 나온다고 생각한다. 힘 있는 자는 곤봉과 대포로, 직장에서는 해고하겠다는 위협으로 사람들이 어떤 행동을 하거나 하지 못하게끔 강제할 수 있다. 그러나 그보다 더 큰 권력은 연대에서 나온다. 독일의 정치철학자 아렌트Hannah Arendt는 '권력'이 폭력과 대립하는 것이라고 주장했다. 권력은 무엇보다 사람들이 서로 연합하여 공동의 목표를 위해 함께 행동할 때 생겨난다는 것

아렌트

이다. 한번 상상해보자. 독재 권력의 폭정에 불만을 가진 수백만의 시민이 있다 할지라도 그들이 제각각 혼자라고 느낀다면 자유를 위해 행동하는 것은 불가능하다. 무한 경쟁 시스템하에서 열 명 가운데 아홉이 경쟁의 패자로 고통을 겪는다 할지라도 그들 모두가 승자가 되기 위해 서로 다투기만 한다면 그 시스템 자체는 변화될 수 없다. 말하자면 사회 구성원들이 서로 분리되고 원자화될수

전국 각지에서 모인 1,200여 명의 환경연합 회원들이 "천수만에는 골프공이 아니라 철새가 날아야 한다"라고 외치며 SOS 인간띠를 만들고 있다. © 환경연합 시민환경정보센터 박종학

'시민적 결사체'의 이념은 독립적인 개인들이 자발적으로 결성한 연합체들이 두텁게 형성되어 있는 사회일수록 독재와 전체주의의 위험에서 멀어지고 다원적이고 민주적인 역동성을 발휘할 수 있게 된다고 말한다. 한국에도 민주노총, 참여연대, 경실련, 여성운동연합, 환경연합, 녹색연합 등 수많은 시민적 결사체가 활동하고 있다. 이처럼 규모와 영향력이 큰 단체 외에도 주민 커뮤니티나 종교 공동체 같은 크고 작은 모임들, 그리고 온라인-오프라인의 시민적 연대를 만들어내고 있는 다양한 인터넷 커뮤니티들도 시민적 공론장으로서 중요한 역할을 한다.

록 국가 권력이나 기타 권력 집단, 기득권층이 그들의 삶을 통제하기가 쉬워지는 것이다. 반면 어떤 정권이 가공할 만한 폭력 수단과 억압 기제를 갖고 있다 할지라도 수백만의 시민들이 서로 연대하여 저항한다면 그 정권은 오래 지속될 수 없다. 그래서 아렌트는 시민들이 연합한 힘이 근대 국가의 거대한 폭력 기구보다 더 우월한 권력임을 입증하는 사례가 바로 '혁명'이라고 말했다.

근대 정치·사회사상에서 '시민적 결사체civil associations'의 이념은 바로 위와 같은 문제의식하에 발전해왔다. 이 이념의 핵심 메시지는 다음과 같다. 독립적인 개인들이 자발적으로 결성한 연합체들이 두텁게 형성되어 있는 사회일수록 독재와 전체주의의 위험에서 멀어지고 다원적이고 민주적인 역동성을 발휘할 수 있게 된다는 것이다. 이러한 시민적 결사체의 예로는 비교적 규모와 영향력이 큰 노동·시민 단체들이 가장 먼저 떠오를 것이다. 한국에도 민주노총, 참여연대, 경실련, 여성운동연합, 환경연합, 녹색연합 등 수많은 단체가 존재한다. 하지만 그 밖의 크고 작은 모임들, 예를 들어, 주민 커뮤니티, 종교 공동체, 일요축구회와 같은 스포츠클럽, 기타 여가 생활을 함께하는 각종 동호회 등도 마찬가지로 중요성을 갖는다. 나아가 오늘날에는 다양한 종류의 인터넷 커뮤니티들이 온라인-오프라인의 시민적 연대를 만들어내는 공간으로 크게 부상하고 있다. 단적인 예로 한국에서 2008년의 촛불운동에 참여했던 화장발, 레몬테라스, 쌍코,

시민적 결사체들은 국가와 개인 사이에 놓인 매개적 영역이다. 이러한 매개 영역이 두터울수록 그 사회의 자유와 민주주의, 사회적 통합은 그만큼 견고해진다.

---

miclub, 82cook 등이 바로 그러한 시민적 공론장이다. 이와 같은 시민적 결사체들은 국가와 개인 사이에 놓인 매개적 영역이다. 이러한 매개 영역이 두터울수록 그 사회의 자유와 민주주의, 사회적 통합은 그만큼 견고해진다.

시민 결사체와 민주주의

몽테스키외

토크빌

근대 사상사에서 시민적 결사체라는 이념의 발전에 결정적으로 기여한 두 명의 프랑스 학자가 있다. 몽테스키외Montesquieu와 토크빌Alexis de Tocqueville이다. 1758년에 발간된 대작 《법의 정신 De L'esprit des Lois》의 저자인 몽테스키외는 군주제에 동의했던 사람이지만, 그것이 전제 정치로 전락하지 않기 위해서는 정부의 권력이 통제되어야 하며 법에 의해 제한되어야 한다는 점을 강조했다. 이처럼 몽테스키외 사상은 일반적으로 삼권 분립이나 권력 균형 사상으로 대표된다. 그러나 그는 법에 의해 보장되는 '시민들의 독립적 단체' 또한 강조했다. 즉 이러한 단체들이 두텁게 존재하지 않으면 법전에 적힌 법 조항만으로는 결코 통치자와 국가 조직의 횡포와 권력 남용을 저지할 수는 없다는 주장이다. 몽테스키외는 이러한 시민적 결사체들을 국가와 개인 사이에서 양자를 매개한다는 의미에서 '매개 단체corps intermédiaires'라고 불렀다. 그에 따르면 법의 지배와 시민적 결사체는 전제 정치를 억제하는 두 기둥이다. 법의 지배만을 강조하는 것은 국가 권위주의에 다름 아니며, 경우에 따라서는 전제 정치를 정당화하는 수단이 될 수도 있다. 반면 법을 무시하고 시민의 자유만을 강조하게 되면 시민 사회 내의 다양한 시민 주체들이 동등하고 자유롭게 의견을 표현하고 서로 소통하는 것이 어려워질 수 있다.

토크빌의 《미국의 민주주의》 초판본

한편 프랑스 귀족 출신의 역사가이자 정치인이기도 했던 토크빌은 1830년대에 미국 여행을 토대로 쓴《미국의 민주주의De la Démocratie en Amérique》(전2권, 1835~1840)에서 시민 결사체가 미국 민주주의에서 갖는 중요성을 강조했다. 미국을 여행하면서 미국 사회와 정치의 특성을 면밀히 관찰한 결과 그는 미국의 민주주의가 다수의 폭정으로 전락하지 않는 가장 중요한 기반이 바로 미국 전역에 촘촘하게 퍼져 있는 시민들의 자발적 결사체들이라고 결론 내렸다. 이러한 결사체들은 교회 공동체와 같은 종교적 성격의 모임, 자원봉사 소방대와 같이 지역 사회를 안전하고 건강하게 만들기 위한 각종 주민 공동체, 또는 지방 의회와 행정 기관의 공정성과 공공성을 감시하고 이들의 권력 과잉을 감시하는 단체 등, 그 성격이 무척 다양했다. 이러한 다양성과 복잡성이야말로 시민 결사체가 민주주의에서 중요한 의미를 갖는 이유이다. 현대의 대의 민주주의는 다수결의 원리에 기초한다. 즉 다수의 지지를 얻은 정치인과 정당이 정치권력을 장악하는 것이다. 현대 사회의 규모와 복잡성에 비추어보았을 때, 다수결의 원리를 대체할 만한 정치 원리는 아직까지 존재하지 않는다고 할 수 있다. 그러나 정치권력이 다수자를 등에 업고 소수자를 마음대로 지배하려 한다면 소수 집단의 시민적 기본권은 쉽게 유린될 수 있으며 사회적 화합 또한 불가능해진다.

그래서 토크빌은 민주주의 제도가 다수자 집단의 지배 수단으로 오용될 경우 전체주의적 민주주의démocratie totalitaire가 등장하게 될 수 있음을 우려했다. 실제로 현대 사회는 그와 같은 전체주의화의 위험성을 항상 안고 있다. 현대 국가는 거대한 관료제 조직과 강제 기구를 갖고 있기 때문에, 시민적 결사체의 층이 얇다면 한 개인으로서 시민은 결코 국가 권력의 조직력과 강제력에 저항할 수 없다. 또한 현대 사회는 고도로 분업화되어 있을 뿐 아니라 시장 경쟁 시스템하에서 모두가 경쟁 상대가 되는 경향이 있다. 이를 억제하지 않으면 사회에는 서로 소통하지 않고 연계하지 않는 개인들만 존재할 뿐 공공 의제를 공유하고 토론하며 참여하는 공민은 존재하지 않게 된다. 그래서 미국의 사회학자 콘하우저William Kornhauser는 이와 같이 원자화된 개인들로 구성된 사회를 '대중 사회mass society'라고 명명하고 그것의 전체주의적 위험성을 경고했다. 그에 따르면 대중 사회에서는 시민 사회의 매개 영역 없이 국가와 개인만이 존재하게 되므로, 개인들은 삶의 불만을 비이성적인 군중 행동으로 표출하게 된다. 그 때 국제 인권 단체인 '휴먼라이츠워치'와 '국제사면위원회'는 전 세계의 인권 상황과 국가 권력의 오용을 감시하고, 인권 침해 현실을 세계에 알리면서 압력을 행사하는 활동을 한다. 영국에서 시작해 국제 단체로 발전한 '옥스팜 인터내셔널'은 세계 곳곳에서 기아와 빈곤으로 고통 받는 사람들을 지원한다. 같은 구호 단체로서 '국경 없는 의사회'는 1999년에 노벨평화상을 수상했는데, 이 단체에서 활동하는 의사들과 운동가, 자원봉사자들은 전쟁과 질병, 빈곤으로 시달리는 지역에서 직접 활동한다. 환경 단체로는 '그린피스'와 '지구의 친구들'이 대표적인데 환경 파괴를 막고 지구의 생태 위기를 세계에 알려 재앙을 막기 위한 활동을 벌인다.

문에 전제적 국가 권력이 그 에너지를 흡수하게 될 경우 파시즘 등과 같은 전체주의 사회에 이르게 된다. 그러므로 시민 사회가 수많은 시민적 결사체들로 촘촘하고 두텁게 짜여 있을 때에만 비로소 다원적이고 역동적인 사회가 될 수 있다.

시민 결사체의 명암

시민적 결사체의 쇠퇴에 대한 우려는 최근에도 많은 학자들이 계속 제기하고 있다. 대표적인 예로 미국의 정치학자인 퍼트넘 Robert Putnam은 《혼자서 볼링하기Bowling Alone》에서 원자화되고 개인주의화되는 미국 사회의 경향을 경고했다. 그러나 고무적인 것은 20세기 후반에 와서 전 세계에 정부에도 기업에도 속하지 않는 시민들의 자발적 결사체들이 양적으로 엄청나게 늘어나고 있다는 점이다. 뿐만 아니라 이들이 각 나라와 국제 사회에서 수행하는 역할과 영향력 역시 급속히 커지고 있고 국제적으로 조직되고 활동하는 단체들도 많다.

세계적 인권 감시 단체인 '휴먼라이츠워치'의 로고

이들은 단지 사회의 핵심 세력들의 권력과 능력, 영향력이 미치지 못하는 작은 영역들에서 보완적인 역할만 하는 것이 아니라 각 나라와 국제 사회의 질서와 작동 방식 자체를

변화시키는 중대한 행위자 집단으로 부상했다. 나아가 경제적인 측면에서도 시민 결사체들은 정부와 기업이 할 수 없는 역할을 해내리라 기대되고 있다. 잘 조직된 전문가 집단인 NGO나 NPO 뿐만 아니라 다양한 규모와 성격의 주민 단체와 지역 커뮤니티들이 이런 역할을 하고 있다. 이들은 문제 당사자로서 문제를 가장 민감하게 감지할 수 있으며, 문제 해결을 위한 사전 지식과 노하우 역시 풍부하게 갖고 있다. 또한 공무원들처럼 관료제로 인한 경직성을 갖고 있지도 않고 기업처럼 이윤에 대한 탐욕 때문에 문제의 진정한 해결을 유예하지도 않는다. 그래서 정부, 기업, 시민 결사체가 서로 협력하고 분업하는 정책 수행 방식에 대한 관심이 높아지고 있다.

이렇듯 시민 결사체는 긍정적 잠재력을 가지고 있지만 어려움에 처한 약자들을 구출해내는 슈퍼맨도 아니며, 사회의 온갖 문제들을 해결하는 만병통치약도 될 수 없음을 인식해야 한다. 시민 결사체가 어떤 사람들로 구성되어 있고 이들이 어떤 가치관과 세계관을 갖고 있는지, 또 그 단체의 목표와 지향이 무엇인지에 따라 그것의 사회적 의미는 완전히 달라질 수 있다. 시민 결사체는 사회의 약자들을 보호하고 전쟁과 환경 파괴를 예방하며, 정부의 권력 남용을 감시하고 억제하는 역할을 할 수도 있지만 반대로 자신들만의 결속을 강화하고 다른 이념, 다른 가치, 다른 종교를 가진 사람들을 억압하고 배제하는 데 기여할 수 있다.

또한 시민 결사체들의 경제적 역할을 과도하게 강조하면 국가 기능의 축소와 공공 부문의 민영화를 정당화하고 기업의 사회적 책임을 면제해주기 위한 수단이 아니냐는 의혹을 받기도 한다.

시민 결사체들 가운데 시민들의 자발성을 가장하여 돈과 권력을 추구하는 단체들도 있다. 특히 국가와 정치권력의 통제와 영향에서 독립적인 시민 사회가 아직까지 발달하지 못한 사회, 또는 시장 경제 제도가 아직까지 건강하게 자리 잡지 못한 사회에서 이러한 현상이 두드러진다. 일상의 깊은 영역까지 국가 권력이 파고들어 통제하려 들거나, 경제 활동으로 환원될 수 없는 모든 삶의 영역들이 기업의 이윤 논리에 잠식된다면 겉모양으로 시민들의 자발적 모임인 듯 보이는 단체들이 실제로는 정권의 하수인이나 돈벌이 수단인 경우가 많을 것이기 때문이다. 이는 시민 단체가 자신이 지지하는 정권의 건강한 동반자 역할을 하는 것과 분명히 구분되며, 또한 기업의 이윤 논리로 해결하지 못하는 경제적 필요를 시민들의 힘으로 충족하는 것과도 분명히 다르다. 그래서 아프리카와 러시아, 동유럽 등지에서는 이러한 사이비 NGO들을 지칭하는 말이 유행하기도 한다. BONGOs, GONGOs, MONGOs 등이 그러한데 이들은 모두 시민 단체를 가장하여 지배 권력의 손발 역할을 하는 기생 집단들이다. '좋은 시민 결사체'와 '나쁜 시민 결사체'를 구분할 수 있는 황금의 법칙은 없다. 하지만 대략의 기준은 있을 수 있다. 민주공화국의 헌법 정신을 지지하고 있는지, 시민 사회의 다양성을 인정하고 있는지, 모든 시민의 동등한 존엄성과 기본권을 존중하는지, 정치권력이나 기업 권력에서 독립적인지 등이 그 기준이 되어 줄 것이다.

참여하는 시민

자유롭고 평등한 시민들의 정치 공동체

우리는 앞에서 시민의 이념 가운데 '자유'와 '연대'의 가치와 의미에 대해 생각해보았다. 이제 이야기하려는 세 번째 이념인 '참여participation/commitment'는 시민적 자유와 시민 결사체가 보다 넓은 정치 공동체와 맺는 관계에 대한 것이다. 앞에서도 이야기했듯이 시민의 이념이 현실 속에서 실현되려면 무엇보다도 개인의 기본권과 소유권, 도덕적·정치적 자유가 보장되어야 한다. 나아가 이 자유로운 시민들이 서로 분리된 원자가 아니라 함께 소통하고 연대하는 결사체의 형태를 갖추게 될 때 비로소 독재와 전체주의의 위험을 막아내고 활동적인 사회가 될 수 있다. 또한 시민적 결사체 자체가 민주주의와 평화적 공존을 보장해주지는 않으며, 궁극적으로 이 연합한 시민들이 어떤 '실질적 내용'을 갖고 있느냐에 따라 시민 사회의 건강이 결정된다.

자유로운 시민들이 서로 분리된 원자가 아니라 함께 소통하고 연대하는 결사체의 형태를 갖추게 될 때 비로소 독재와 전체주의의 위험을 막아내고 활동적인 사회가 될 수 있다.

　이제 마지막으로 살펴보게 될 '참여하는 시민'은 어떤 모습인가? 이 시민은 단지 자기 자신과 가족, 친족과 동문 등의 작은 공동체의 이익만을 추구하는 것이 아니라, 자신이 속한 정치 공동체의 주권자 한 사람으로서 공공 사안에 관심을 갖고 다른 동료 시민들과 열린 자세로 대화하는 사람이다. 또한 자기 행동이 정치 공동체에 대해 갖는 의미를 책임 있는 자세로 성찰하며, 다른 시민들과 공유할 수 있는 공동의 목적과 해결책을 함께 모색하는 사람이다. 나아가 단지 생각하고 토론하는 데 머무르지 않고 정치 공동체의 실제적인 발전과 공공 문제의 해결을 위해 다른 시민들과 함께 행동하고 정치에 적극적으로 참여하는 시민이다. 근대의 정치·사회사상사에서 이와 같은 시민의 이념은 무엇보다도 공화주의와 민주주의의 이념적 전통에서 발전되었다. 가령 대한민국 헌법 제1조의 내용은 "대한민국은 민주공화국이다. 대한민국의 주권은 국민에게 있고, 모든 권력은 국민으로부터 나온다"인데, 이 조항은 대한민국의 정치 체제와 통치 형태의 근본을 '공화주의'와 '민주주의'라는 두 이념적 전통을 통해 규정하고 있다.

시민적 공화주의의 이념

공화주의는 인류 역사상 가장 오래된 정치사상에 속한다. 이 책

공화국

대한민국의 공식 명칭은 'Republic of Korea'이다. 여기서 'Republic'이 바로 공화국이다. 즉 대한민국의 '민국民國'은 공화국을 뜻하는 것이다. 마찬가지로 독일의 공식 명칭은 'Federal Republic of Germany', 중국은 'People's Republic of China', 폴란드는 'Republic of Poland'이며 대만, 아일랜드, 콩고, 터키 등 수많은 나라들이 자국의 통치 형태를 '공화국'으로 규정하고 있다.

앞부분에 소개된 고대 그리스와 로마 공화국의 시민들 이야기에서 보듯 고대적 공화주의 이념과 법체계의 원리는 다양한 근대 정치 이념들과 만나 새롭게 태어났다. 그래서 오늘날 많은 국가들이 헌법적으로 공화국 규정을 명시하고 있다. 공화국이란 법과 공공선에 기반을 두고 주권자인 시민들이 만들어낸 정치 공동체를 의미한다. 공화주의의 두 기둥은 '자유'와 '참여'이다. 공화국의 시민은 다른 시민들과 평등한 관계에서 타인의 자유와 권리를 인정하는 가운데 서로 연대하여 공동체의 공공선公共善(라틴어로 bonum publicum)을 함께 만들어가고자 한다. 이런 의미에서 공화주의는 근대 정치사상의 커다란 두 흐름인 '자유주의'와 '민주주의'의 공통 뿌리가 되는 이념이라고 할 수 있다.

만인의 자유가 보장되지 않는 민주주의는 다수자의 전체주의적 지배로 귀결될 수 있다. 역으로 시민들의 정치적 참여와 대승적 연대가 없는 자유주의는 이기주의와 양극화, 사회 해체로 이어질 것이다. 자유주의 사상은 권력에 대한 법적·제도적 제한을 통해 '만인의 자유'를 보장하는 것을 가장 중요시했는데, 이는 단지 통치자의 권력을 제한하는 것만이 아니라 시민들의 정치 행동의 자유 역시 제한하는 것을 의미했다. 이에 비해 공화주의와 민주주의 사상은 정치 공동체의 구성원인 시민들 자신이 입법과 정치의 주체라는 점을 강조한다. 즉 자유주의 전통에서 자유가 법과 정부에 의해 보호받는 소극적 자유라면, 민주주의의 자유는 정치 공동체의 공적 과정에 시민이 참여하는 적극적 자유이다. 물론 소극적 자유는 나쁜 것이거나 최소한 덜 좋은 것이고, 적극적 자유는 무조건 좋은 것이거나 소극적 자유보다 좋은 것이라는 식으로 생각해서는 안 된다.

벌린

라트비아 출신의 철학자 벌린Isaiah Berlin은 《자유Liberty》라는 유명한 저서에서 '부정적 자유negative liberty'와 '긍정적 자유positive liberty'를 구분한 바 있다. 부정적 자유는 '무엇으로부터의 자유freedom from', 즉 무엇인가를 하지 못하게 하는 상태에서 벗어나는 것이다. 반면 긍정적 자유는 '무엇을 할 자유freedom to', 즉 자신의 삶과 공동체의 운명을 스스로 만들어갈 수 있는 자유이다. 벌린은 적극적 자유가 소극적 자유의 한계를 넘는 창조적 능력이지만 만인의 자유와 참여가 보장되지 않은 일부 집단의 적극적 자유는 위험할 수 있다고 경고했다. 하지만 이런 위험성을 견제한다면 적극적 자유는 소극적 자유와 대립하는 것이 아니라 그것을 지키고 만개시키는 조건이 된다. 소극적 자유는 그 자유를 보호하는 정치 질서를 시민들 자신이 적극 지켜내고 공고히 할 때에만 지속될 수 있기 때문이다.

이런 적극적 자유는 무엇보다도 시민의 사회 참여와 정치 참여를 통해 표현된다. 시민 참여의 측면을 전면에 부각시킨 것은 무엇보다 민주주의의 이념이다. 민주주의의 근본 원리는 바로 '주권 재민主權在民'이다. 정치 공동체의 구성원으로 인정되는 모공화주의적 시민들은 대표자 선출에 만족하지 않고 자신이 속한 정치 공동체의 운명과 과제에 깊은 관심을 갖는다. 또한 자기와 가족의 사적인 관심을 다른 사회 구성원들의 삶과 연계함으로써 단지 나 한 사람의 '생존'이 아니라 모든 시민의 '공존'을 위한 최선의 길을 모색한다.

든 시민이 그 공동체의 주인이며, 바로 이 시민들이 공동체 전체에 관련되는 공공 사안을 심의하고 결정하는 주체가 되어야 한다는 뜻이다. 대부분의 현대 사회는 이러한 민주주의의 이념을 현실 정치에서 실현하기 위해 대의제를 채택하고 있다. 그러나

개죽이도 무적의 투표부대다

23,24일 우리 함께해요

여러분이 학교의 주인입니다 소중한 한표를 꼭 행사하세요

2004년 제17대 총선 당시 네티즌들이 만든 투표 독려 스티커. 당시 네티즌들은 노무현 대통령 탄핵에 반대하는 촛불집회를 주도하고 투표 참여 운동을 적극적으로 벌였다.

앞서 이야기했듯이 선거 제도를 통해 시행되는 현대의 대의 민주주의는 주권자인 국민들의 정치적 의지를 모아 실현하는 데 많은 한계를 안고 있다. 만약 우리가 '민주 시민'으로 갖고 있는 정치적 권리가 단지 몇 년에 한 번 투표소에 가서 도장을 찍는 일이 전부라면 정부와 정당이 하는 일과 실제 시민들의 정치적 욕구 사이에는 언제나 커다란 간극이 존재할 수밖에 없다.

그래서 요구되는 것이 바로 정치적으로 각성되고 적극적으로 참여하며 자기 행동과 정치 공동체 전체에 대한 책임 의식을 갖고 있는 공화주의적인 시민들이다. 이 시민들은 단지 대표자를 선출하는 데 만족하지 않고 자신이 속한 정치 공동체의 운명과 과제에 깊은 관심을 갖는다. 또한 그들은 자기와 가족의 사적인

관심을 다른 사회 구성원들의 삶과 연계함으로써 단지 나 한 사람의 '생존'이 아니라 모든 시민의 '공존'을 위한 최선의 길을 모색한다.

행동하는 시민, 강건한 민주주의

민주공화제를 지향하는 현대 국가 모두 헌법 규정과 정치 제도를 통해 시민들의 정치적 기본권을 보장해주고 있다. 그러나 우리가 법과 제도에 모든 것을 맡겨놓을 수 없는 두 가지 이유가 있다. 첫째, 민주주의의 이름을 건 법과 제도가 모두 실제로 민주주의라는 이름값을 하고 있는 것은 아니다. 그것에 생명을 불어넣는 것은 살아 있는 인간, 행동하는 인간의 몫이다. 일찍이 미국의 정치철학자 듀이John Dewey는 '제도로서의 민주주의democracy as institution'와 '이념으로서의 민주주의democracy as idea'를 구분한 바 있다. 제도로서의 민주주의는 삼권 분립, 대의 제도, 법치주의 등을 근간으로 하는 실제 민주주의 제도를 의미한다. 이념으로서의 민주주의는 그러한 민주주의 제도의 기초 원리이면서 또한 제도의 영역을 넘어서는 측면을 갖고 있다. 왜냐하면 현실에 존재하는 민주주의 제도들은 민주주의의 이념을 완전히 실현한 것이라고 볼 수 없기 때문이다. 헌정 민주주의가 박제화된 제도에 그치지 않고 그 이념에 다가가는 실질적 내용을 가지려면 헌법

듀이

에서 주권자로 인정된 시민들 자신이 적극적이고 책임 있게 공공 사안에 참여하고 또 그러한 참여를 법적·정치적으로 보장해야 한다.

둘째, 아무리 훌륭한 법과 제도가 있다고 할지라도 올바르게 사용함으로써 거기에 생명을 불어넣어주는 사람들이 없다면 아무 소용이 없다. 고대와 현대의 정치사상에는 건강한 사회를 위해 법과 제도보다 중요한 것이 바로 사람과 그들의 행위라고 주장한 많은 사람들이 있었다. 앞에서 소개한 아렌트는 어떤 법과 제도이든 그것을 지지하는 '사람'들의 결집된 힘이 없다면 아무 의미가 없음을 강조했다. 독일의 정치철학자 뮝클러Herfried Münkler

뮝클러

는 일단 만들어놓으면 오랫동안 유지될 것처럼 보이는 '제도'보다 오히려 고착시킬 수 없고 불안정하기 때문에 언제나 새롭게 갱신해야 하는 시민들의 정치적 덕성이 민주주의를 지키는 데 더 큰 중요성을 갖는다고 강조했다. 또한 폴란드의 사회학자 츠톰프카Piotr Sztompka 역시 민주주의를 수립·유지·발전시켜가는 데에서 제도나 조직과 같이 한번 정립되면 좀처럼 변화하지 않는 '단단한hard' 요인들보다 오히려 인간 행위나 문화처럼 유연하고 가변적인 '부드러운soft' 요인들이 더 큰 중요하다고 말한다. 이러

츠톰프카

한 부드러운 요인에는 사람들의 가치, 욕구, 정체성, 공동체, 네트워크 등이 포함된다.

우리는 법과 제도가 민주주의를 지켜주는 것이 아니라 민주

민주공화국을 지키는 것은 생명 없는 법전이 아니라 민주적이고 공화적인 시민, 살아 움직이는 인간인 것이다.

적 사회를 만들어내고 지키는 사람들만이 자기 자신의 자유와 권리를 지킬 수 있음을 현대사의 여러 사건에서 확인한다. 독일은 1920년대에 당시로서는 세계에서 가장 선진적인 헌법 중 하나였던 바이마르 헌법을 만들었지만, 1930년대 초반 히틀러와 나치당이 독일에서 전체주의 체제를 구축하는 데 동원한 최고의 수단은 바로 '법치주의'였다. 법의 왜곡과 오용을 막을 수 있는 시민들의 결집된 힘이 없었기 때문이다. 한국의 현대사 역시두 번의 군사 쿠데타와 수십 년간의 군부 독재로 얼룩졌지만, 헌법 제1조, 즉 "대한민국은 민주공화국이다"라는 규정은 1948년 대한민국 정부 수립 이래 단 한 번도 수정된 적이 없다는 것을 잊지 말자. 말하자면 법은 그것의 정신과 이념을 지지하고 지키는 시민들이 없다면 버젓이 간판만 걸려 있는 종잇조각에 불과하다. 재판관들이 법을 정치적 목적을 위해 자의적으로 해석할 때, 정치권력이 재판관들로 하여금 양심에 따른 판결을 내리지 못하게 할 때, 행정 권력이 재판관들이 내린 판결대로 집행되지 않을 때, 이때 다수 국민들이 그에 저항하지 않는다면 헌법이 아무리 훌륭하다 한들 아무 의미가 없다. 민주공화국을 지키는 것은 생명 없는 법전이 아니라 민주적이고 공화적인 시민, 살아 움직이는 인간인 것이다.

그래서 독일의 정치학자 뢰델Ulrich Rödel은 민주공화제의 헌법과 국가 조직에 담긴 이념을 실현하고 만개하는 일은 궁극적으로 시민들의 실천에 달려 있다고 주장했다. 먼저 우리는 국가 체제 안에 제도화되어 있는 법체계와 대의제 기구들이 현대 사회의 복잡한 시스템에서 갈등과 차이를 조정하기에는 결코 충분하지 않다는 것을 분명히 인식해야 한다. 그러므로 정부, 의회의 결정과 사법부의 법 해석은 시민들의 정치적 표현과 행동에 의해 영향 받고 수정될 수 있어야 한다. 또한 시민들과 결사체들은 정부와 의회의 대표자들에게 모든 것을 위임하는 것이 아니라 정치 제도 외부의 공공의 장에서 상이한 가치와 이익을 평화롭게 표출할 수 있어야 한다. 이 과정에서 시민들은 공공 사안에 대한 지식과 정보의 사실 관계에 대해, 정부와 의회의 행위의 정당성에 대해, 법 적용의 타당성에 대해 학습하고 토론하며 여론을 형성해갈 수 있게 된다.

미국의 정치이론가인 바버Benjamin Barber는 이처럼 서로가 공유할 수 있는 공통의 열망이 무엇인지를 토론하고 논쟁하며, 공공선을 실현하기 위해 활동하는 시민을 '공적 시민public citizens'이라고 불렀다. 그리고 그런 공적 시민의 층이 두터운 시민 사회를 이루어 지탱하고 움직이는 민주주의를 '강건한 민주주의strong democracy'라고 명명했다.

바버

시민들 자신이 민주공화국의 정신을 실천하고 적극적으로 참여하지 않는다면 그 나라의 국가 질서는 피가 돌지 않고 살이 붙지 않은 앙상한 뼈다귀일 뿐이다. 국민들이 행하는 정치는 오

"나는 시민이다!"라고 말하는 것은 곧 "나는 민주공화국의 주권자로서 권리와 책임을 갖는다!"라고 말하는 것과 같다.

직 몇 년에 한 번 투표소에서 도장 찍는 일뿐인 그런 국가를 진정한 민주공화국이라 할 수 없고 그러한 국민을 시민이라고 할 수 없다. 그래서 "나는 시민이다!"라고 말하는 것은 곧 "나는 민주공화국의 주권자로서 권리와 책임을 갖는다!"라고 말하는 것과 같다.

시민 사회의 다원성

이 장에서 살펴본 시민 이념의 다양한 전통들은 단지 '관점의 차이'만을 의미하지 않는다. 시민 이념의 다양성은 현대 시민 사회 자체의 다원적 속성을 반영하기도 한다. 현대의 시민 사회는 서로 다른 경제적 이해관계를 갖는 집단들이 공존하는 곳이자 개인의 자유와 권리를 중요시하는 문화가 확산되어온 곳이며, 타인들과 연합하여 교류하고 협력하려는 욕구를 갖고 있을 뿐 아니라 자신들이 속한 정치 공동체 전체의 운명에도 관심을 갖는 곳이다. 그러므로 시민 사회는 근본적으로 다원적인 장이며 따라서 시민 사회를 단 하나의 이념과 이상에 따라 변화시키려 해서는 안 된다. 시민과 시민 사회의 한 측면만을 인정하고 추구하는 것은 여러 가지 문제를 낳을 수 있다. 예를 들어 신자유주의 이론에서처럼 개인의 경제적 자유와 재산권을 일방적으로 절대화하면, 국가적 규제나 재분배 기능의 긍정적 측면을 무시하게 되고 또한 경제적 약자들에 대한 사회적 보호를 도외시하게 된다. 한편 시민적 결사체의 중요성을 과잉 해석하게 되면 그 수많은 결사체들이 과연 다른 사회 구성원들의 안녕과 행복에 관심을 갖고 있는지 아니면 자신들의 집단 이익에만 골몰해 있는지를 볼 수 없게 된다. 그러나 그렇다고 해서 우리는 모든 시민에게 언제나 국가적이고 지구적인 사안에 관심을 갖고 인류의 대의를 위해 행동하라고 요구할 수도 없다. 따라서 우리는 시민 사회의 다원성을 인정하고 서로 다른 시민의 이념들을 엮어내는 최선의 길을 모색해야 한다.

5장

한국의 시민과 시민 사회

근대적 시민 사상과 시민 사회의 성장

지금까지 근대적 시민 개념이 가장 체계적으로 발전된 유럽의 사례를 통해 '시민'의 개념사, 사회사, 이념사를 둘러보았다. 이제 이 짧지 않은 여행을 마치고 지금 우리가 살고 있는 한국으로 돌아올 때가 되었다. 이 책 서두에서 언급했듯이 근대적 시민 개념과 이념은 주로 서구에 기원을 두고 있지만 동아시아에서도 고대부터 '민民'과 '인人' 개념을 중심으로 서구의 그리스·로마 시민 관념과 비교할 만한 정치철학이 발전해왔다. 이미 언급한 바와 같이 맹자는 정치사상 측면에서 민의 혁명권을 인정하는 정치적 민본주의를 표방한 바 있거니와, 나아가 정치 공동체 구성원들의 대승적 연대와 박애를 주창하는 여민락與民樂 사상은 앞 장에서 서술한 현대의 시민적 공화주의 이념과도 맥이 닿는다. 그러므로 한국에서 근대적 시민의 이념과 제도는 한국 역사의 전통 속에 아무런 뿌리와 토양을 갖고 있지 않은 상태에서 단지 서구에서 수입된 것이 아니다. 유럽에서 근대적 시민 개념이 멀리는 고대 그리스와 로마로부터 전승되고 재발굴되었듯이 한국에서도 고대로 거슬러 올라가는 깊은 사상적 원천을 재해석하고 현재화하는 작업이 계속되어왔다.

그 결과 한국에서도 근대적 시민 개념과 이념이 서구와 거의 동시대적으로 발전되어왔는데, 대표 사례가 바로 조선의 실학

여민락 사상

신영복은 《강의—나의 동양고전 독법》에서 맹자 사상의 핵심인 '의義'는 '여민동락與民同樂' 사상, 즉 진정한 즐거움이란 타인들과 함께 즐거워하는 것이라는 사상으로 구성돼 있다고 보았다. 그리고 이것이 민의 혁명권을 논하는 정치적 민본주의와 함께 가는 문화적 민본주의의 정수라고 해석했다.

조선의 실학 운동

정약용은 군주 권력의 정당성이 민의民意에 원천을 두고 있다는 주권 재민 사상을 표방했고, 통치 집단이 사익을 도모할 경우 민에 의한 권력 교체가 가능하다고 주장했다. 정약용을 중심으로 한 실학사상은 근대 유럽의 사회 계약론적 정치사상, 부르주아의 이념, 계몽주의 사상 등과 여러 측면에서 유사하다.

운동이다. 실학 운동은 유럽에서 홉스와 로크, 몽테스키외와 토크빌이 근대적 시민 사상을 발전시키던 바로 그 시기에, 조선의 중세적 질서를 비판하고 민본주의民本主義와 상공업에 기초한 새로운 정치 질서와 사회 체제를 구상하기 시작했다. 또 하나 강조해야 할 점은 실학 운동이 전개되던 18세기경에 이미 한국의 지식인과 정치인들은 서구의 전통적 또는 근대적 사상과 활발히 교류하고 그것을 창조적으로 수용하고 있었다는 것이다. 조선의 개혁적 지식인들은 1700년대 후반 가톨릭 사상과 처음 접촉하면서 '만민의 평등과 해방'이라는 이념을 수용하여 자신들의 사상 체계로 통합시켰다. 바로 유럽의 근대적 시민 계급이 가톨릭의 교권과 보수주의에 대항하여 격렬히 투쟁하던 시점의 일이었다.

이처럼 한국에서 민, 인민, 시민의 개념은 오랜 역사와 전통을 갖지만 근대적 시민 개념이 한국 정치와 문화의 전면에 등장하기 시작한 것은 대략 19세기 말엽이었다. 무엇보다 1894년의 동학 혁명은 인본주의와 만민 평등, 인민 자치와 정치 참여 등과 같이 급진적 근대 정치사상을 거대한 대중 운동 속에서 표출했던 중대한 역사적 사건이었다. 당시 동학 혁명의 주체들 중에는 왕권 자체를 부정하지 않았던 흐름 또한 적지 않았다. 그러나 통치자에 대한 순응주의

동학 혁명을 이끈 전봉준의 호송 모습

〈독립신문〉

를 벗어던지고 스스로 나라의 주인이 되고자 한 근대적 시민의 이념이 전국적인 혁명 운동으로 전개되었다는 것은 역사적 의미가 매우 크다.

　그로부터 오래 지나지 않은 1897년 〈독립신문〉에는 자율적 시민, 자발적 시민 결사체, 공공선을 지향하는 시민들의 활동, 민주적 토론 절차, 이런 시민 활동을 통한 사회 개혁의 중요성을 강조하는 글들이 실렸다. 언론의 이런 활동은 근대적 시민 이념을 사회에 널리 전파하려는 문화 운동의 일환이었다. 1898년에는 독립협회를 중심으로 한 만민공동회가 '민회'라는 대중 집회를 개최했는데, 이것은 한국 근대사에서 가장 의미심장한 민주적 시민 공론장의 실험이었다. 만민공동회는 인민들이 다양한 생활상의 요구와 정치적 주장을 표현하고 공론을 형성하여, 이를 국가 정치에 반영하려 했던 정치 운동이자 사회 운동이었다. 이들은 자치의 정신, 인민의 정치적 각성과 참여를 강조하고 동료 인민들 모두의 자유와 평등을 추구하며 정치 공동체의 공공 문제를 함께 숙의하고 해결책을 모색하고자 했다.

　이와 같이 사회 영역에서 확산되어간 근대 시민의 이념은 국가와 정치 영역에도 깊은 영향을 미쳤다. 1898년 만민공동회는 일종의 군민 공치君民共治를 시도했다. 정부 각료들과 독립협회 회원들, 그리고 서울 시민들이 한자리에 모여 국정을 논의하여 '헌의 6조'라는 조칙을 이끌어냈고, 고종은 '조칙 5조'로 이를 수용했다. 이것은 오늘날 현대 정치에서 널리 수용되고 있는 거버넌스 정치 모델, 즉 정부의 일방적 통치를 넘어서는 민관 공치 모델의 맹아적 형태라고 할 수 있다. 이처럼 19세기 말까지는 입헌 군주제 모델하에 근대적 시민의 이념이 수용되다가 대한민국 임시 정부 시기에 와서는 드디어 민주공화제 모델로 전격 이행해가게 된다. 대한민국을 '민주공화국'으로 규정한 최초의 헌법은 1919년 4월 11일 제정된 대한민국 임시 정부의 〈대한민국임시헌장〉이었다. 이 헌장의 제1조는 "대한민국은 민주공화제로 함"으로 규정하고 있으며, 이는 오늘날 대한민국 헌법 제1조 제1항 "대한민국은 민주공화국이다"라는 규정으로 그대로 계승되었다. 임시 정부의 〈대한민국임시헌장〉은 대한민국의 모든 인민이 남녀 귀천 빈부의 계급이 없이 평등하며, 종교·언론·저작·출판·결사·집회·거주·이전·신체·소유의 자유를 향유한다고 규정하고 있다(제3조, 제4조). 즉 근대적 시민의 권리와 이상이 헌법적 지위를 획득하기 시작한 것이다.

시민의 촛불

앞에서 우리는 '자유로운 시민', '연대하는 시민', '참여하는 시민'이라는 시민의 이념들을 이야기했다. 지난 수십 년 동안 한국의 시민들은 이 세 가지 이념을 압축적으로 실현했다. 1960년대부

국가보안법과 반공법

국가보안법은 대한민국 정부가 수립된 1948년에 처음 제정되어 여러 차례 수정을 거치면서 현재까지 존속하고 있다. 반공법은 1961년 군사 쿠데타에 성공한 박정희 정권이 국가보안법을 더욱 강화하기 위해 제정했다가 1980년에 국가보안법으로 통합되었다. 대한민국 형법은 국가 존립과 안녕에 대한 위협을 처벌할 수 있는 조항들을 갖추고 있는데도 국가보안법이라는 별도의 법이 존재하여 시민의 사상·양심·표현·행동의 자유를 정치권력이 자의적으로 제한할 수 있는 법적 근거를 제공하고 있다.

터 1980년대까지 이어진 민주화 운동과 민주 노조 운동, 그리고 다양한 민중 운동들은 '조국 근대화'의 이름으로 다른 모든 사회적 가치들을 억압해온 독재 정권에 맞서 시민들의 자유를 쟁취하고 시민들의 연대와 사회 정치적 참여의 전통을 만들어왔다. 1960년 4·19 혁명에서 출발한 한국의 민주화 운동은 단지 독재 정권 타도와 공정 선거라는 최소한의 정치적 요구만 했던 것이 아니었다. 민주화 운동은 헌법에 규정된 시민의 권리를 포괄적으로 보장할 것을 요구했고, 국가보안법이나 반공법 같은 억압적 법령으로 민주·공화주의의 근본 원리를 훼손하는 것에 반대했다. 나아가 그것은 경제적 불평등을 해소하여 대한민국의 모든 시민들이 최소한의 인간적 존엄을 향유할 수 있어야 함을 주장했고, 남북 대결과 대미 의존을 극복하여 만인이 평화롭고 평등하게 공존할 수 있는 사회 체제와 국제 관계를 도모하자고 외쳤다. 1970년대부터 시작된 민주 노조 운동이나 기타 민중 생존권에 관련되는 다양한 민중 운동들은 정치 민주화 운동이 추구하는 시민의 존엄과 권리가 이 땅의 모든 노동하는 사람들, 소외된 사람들, 돈 없고 힘없고 배운 것 없는 사람들에게까지 동등하게 적용되어야 한다고 주장했다.

수많은 사람들의 헌신과 희생을 요구했던 이 오랜 투쟁은 1987년 민주화로 정치적 결실을 맺었다. 전국에서 궐기한 수백만의 시민들은 전두환 정권이 독재 체제를 영구화하기 위해 도

민주화실천가족운동협의회(민가협) 회원들 모습. 주로 양심수의 어머니들로 구성된 민가협은 1985년에 창립된 뒤 민주주의와 인권 실현을 위해 싸워왔다. ⓒ 정지은

지난 수십 년 동안 한국의 시민들은 '자유로운 시민', '연대하는 시민', '참여하는 시민'이라는 시민의 이념들을 압축적으로 실현했다. 1960년대부터 1980년대까지 이어진 민주화 운동과 민주 노조 운동, 그리고 다양한 민중 운동들은 '조국 근대화'의 이름으로 다른 모든 사회적 가치들을 억압해온 독재 정권에 맞서 시민들의 자유를 쟁취하고 시민들의 연대와 사회 정치적 참여의 전통을 만들어왔다.

입했던 대통령 간선제를 폐지하고 대통령 직선제를 쟁취했을 뿐 아니라, 이 나라에서 '민주주의'가 이제 어떤 이유로도 부정하거나 유보할 수 없는 이념이며 그 민주주의의 주인이 바로 '시민' 자신이라는 점을 만천하에 선포했다. 뿐만 아니라 6월 민주화 항쟁에 뒤이어 터져 나온 1987년 7·8·9월 노동자 대투쟁을 기점으로 이 나라의 노동자들은 법에 보장된 노동 기본권을 쟁취하기 시작했다. 한국의 노동자들은 그전까지 노동조합을 설립할 권리도, 단체 교섭의 권한도, 최소한의 집단행동을 벌일 자유도 인정받지 못하고 단지 노동만을 강요받아왔다. 1987년 대투쟁을 계기로 전국의 노동자들은 일시에 자주적이고 민주적인 노동조합을 건설하여 자신의 조직을 가질 수 있게 되었다.

이처럼 1987년은 한국의 민주주의 역사에서 가장 의미 깊은 해일 뿐 아니라 시민과 시민 사회의 역사에서도 뜻 깊은 해였다. 왜냐하면 1987년 민주화 항쟁을 통해 시민들의 정치적 자유와 권리가 보장됨에 따라 점점 더 많은 시민들이 자기 자신과 공동체의 문제를 스스로 해결하려는 주체로 나서기 시작했기 때문이다. 그래서 1980년대 후반과 1990년대 초반에 여성연합, 환경운동연합, 경실련, 참여연대 등 이후 한국 정치와 사회에 큰 영향을 끼치게 될 굵직한 시민 사회 단체들이 생겨났다. 또한 전국노동조합협의회(전노협)와 같은 노동조합 연합체가 설립되었고, 이후 다양한 조직으로 형태를 바꿔오다가 오늘날의 민주노총으

민주주의와 만인의 존엄성을 지켜주는 것은 자비로운 통치자도, 위대
한 법전도, 이상적인 제도도 아니라는 사실을 우리는 거듭 확인했다.
그것을 지키고 발전시키는 것은 바로 시민들 자신의 연합된 힘이다.

로 발전되었다. 이와 같은 대규모의 노동·시민 단체들은 1990년
대와 2000년대를 거쳐 오면서 한국 사회와 한국 정치에 적잖은
영향을 미치는 주요 사회 세력으로 성장하게 되었다. 그러나 이
처럼 눈에 보이는 성장만이 가치 있는 것이 아니다. 그보다 더
소중한 것은 대한민국 곳곳에서 일상을 영위하며 살아가는 수많
은 시민들이 공동체와 공공의 문제를 함께 논하고 해결하기 위
해 서로 만나 모임을 만들고 협력하고 있다는 사실이다. 한 사회
를 건강하고 역동적이며 또 탄탄하고 안정된 체제로 만드는 것
은 바로 이런 평범한 시민들이다.

　민주주의와 만인의 존엄성을 지켜주는 것은 자비로운 통치자
도, 위대한 법전도, 이상적인 제도도 아니라는 사실을 우리는 거
듭 확인했다. 그것을 지키고 발전시키는 것은 바로 시민들 자신
의 연합된 힘이다. 시민들이 두텁고 강건한 시민 사회의 층을 형

참여연대의 낙선운동
활동 모습. 국내의 대
표적인 시민 단체의
하나인 참여연대는 사
법개혁운동, 소액주주
운동, 낙선운동 등 다
양한 활동을 펼쳐왔
다. ⓒ 참여연대

성할 때, 시민들의 눈과 귀와 입을 가리려는 어떠한 권력도 시민 사회의 약동하는 에너지와 진보적 힘을 오랫동안 억누를 수 없다. 우리는 또한 유럽의 오랜 역사에서 시민의 이념이 애초의 협소한 신분적·계급적·성적 한계를 넘어 '모든 인간'을 포함하는 보편적 이념으로 확장되어왔음을 보았다. 그런 의미에서 2008년 서울광장을 환하게 밝혔던 수만, 수십만의 촛불은 대한민국이라는 우리 정치 공동체의 그늘진 모든 곳을 모두가 함께 비추는 촛불로 번져가야 한다. 그리고 이 땅에 살고 있는 이주 노동자들, 또 지구 저편에 살고 있는 그 누군가가 우리들과 평화롭고 평등하게 공존할 수 있는 세계 시민 사회의 비전을 모색해야 한다. 이로써 우리는 단지 자유로운 시민임을 넘어 서로 연대하는 시민, 나아가 연대 속에 함께 참여하고 행동하는 시민이 될 수 있다.

시민 권력과 민주주의

많은 사람들이 '권력'을 국가 기구와 정치인들, 기업가들에게만 있는 것이라고 생각
한다. 그러나 권력에는 타인을 지배하는 힘만 있는 것이 아니라 시민들 자신이 세상
을 바꾸는 힘도 포함된다. 시민의 이념은 정치 사회적 민주화 과정에서 점점 더 폭넓
게 제도화되어왔을 뿐 아니라 이런 민주화를 추진하는 중요한 동력으로 작용하기도
했다. 이러한 보통 사람들의 힘은 '피플 파워People Power', '국민의 힘', '시민 권력' 등
다양한 말로 불렸다. 특히 한국 현대사에서 시민들의 행동은 사회를 변화시키는 커다
란 힘이었다. 1960년 4·19 혁명과 1987년 6월 항쟁은 한국의 정치권력과 정치 제
도를 바꾸는 직접적 원인이 되었다. 가까운 예로 2008년 촛불집회에 참여한 많은 사
람들에게서도 시민 권력을 확인할 수 있었고, 앰네스티 인터내셔널도 한국의 촛불집
회가 성숙한 '피플 파워'를 보여줬다고 평가했다. 특히 촛불집회에서는 대한민국 헌법
제1조에 명시된 주권 재민의 이념이 1987년 민주화 항쟁 때보다 더욱 심화된 내용으
로 등장했다. 시민들은 단지 정치 대표자를 내 손으로 선출한다는 형식적 선거 민주
주의의 관념을 넘어서 대한민국의 공공 의제에 직접 관여하고 의견을 표명하는 적극
성을 보여주었다. 이처럼 강렬한 시민 의식이 제도 정치를 더욱 생기 있게 만드는 자
극으로 승화되려면 대의 정치의 주체들이 시민 사회의 에너지와 적극 소통하고 협력
하는 법을 배워야 할 것이다.

● 개념의 연표-시민

- 기원전 510 | **아테네 민주주의와 로마 공화국 성립**
  유럽에서 최초로 시민적 민주주의와 공화주의의 전통 탄생

- 기원전 27 | **로마 제국 성립**
  로마 공화주의 전통이 약화되고 전체 유럽으로 제국 팽창

- 11세기 | **피렌체, 밀라노, 베니스 등 이탈리아 북부 도시 국가 형성 시작**
  도시 상공인 등 시민 계급 중심으로 자치 제도 발전

- 1513~1517 | **마키아벨리 《로마사 논고》 출간**
  공화주의에 입각한 근대 정치사상 탄생

- 1516~1517 | **종교 개혁 운동 시작**
  유럽 사회의 문화적 민주화와 근대화 촉진

- 1651 | **홉스 《리바이어던》 출간**
  국가와 시민 사회의 구분에 기초하여 국가의 권능과 한계를 이론화

- 1689 | **로크 《시민 정부론》 출간**
  재산권과 정치적 자유를 중심으로 하는 자유주의적 시민 이념

- 1751 | **디드로, 달랑베르 등 《백과전서》 발간 시작(~1780)**
  유럽 계몽주의 운동의 일환으로 시민 계급의 문화적 자각 고무

- 1758 | **몽테스키외 《법의 정신》 출간**
  국가-개인을 매개하는 중간 영역으로서 시민적 결사체의 중요성 주목

- 1767 | **퍼거슨 《시민 사회의 역사》 출간**
  근대 시장 경제의 확산으로 인한 시민 사회의 변화와 위기를 기술

- 1776 | **스미스 《국부론》 출간**
  근대 시장 경제의 메커니즘과 새로운 인간 조건을 포괄적으로 고찰

- 1784 | **칸트 《계몽이란 무엇인가》 출간**
  근대 계몽주의 사상과 독립적 시민의 이념을 집약한 논고

- 1789 | **프랑스 대혁명**
  〈인간과 시민의 권리 선언〉 선포, 시민 개념이 모든 인간에게로 보편화

- 1795 | **칸트 《영원한 평화를 위하여》 출간**
  국가의 평화 공존과 세계시민의 이념을 규범적으로 정당화

- 1835, 40 | **토크빌 《미국의 민주주의》 출간**
  민주주의 정치 체제에서 시민들의 자발적 결사체가 갖는 중요성 주목

- 1848 | **1848 유럽 혁명**
  노동자, 농민, 빈민 등 민중들의 저항 행동이 전 유럽에서 동시에 전개

- 1864 | **마르크스 《자본론》 1권 저술**
  형식적 민주주의 이면에서 작동하는 자본주의의 착취와 불평등을 이론화

- 1865 | **전독일노동자연맹 건설**
  세계 최초로 결성된 전국적 노동조합 총연맹

- 1866 | **소로우 《시민 불복종》 사후 출간**
  다수결 원리의 이름으로 억압할 수 없는 시민의 도덕적 자유를 기술

- 1871 | **프랑스 파리 코뮌**
  파리 민중들의 봉기와 자치 정부 수립

- 1892 | **현재 미국 최대 환경 단체인 시에라 클럽 창립**
  국제 NGO들의 맹아가 탄생하는 시기

- 1894 | **조선 동학 혁명**
  조선 전역에서 농민군이 봉기하여 만민 평등과 존엄의 이념을 주창

- 1898 | **조선 만민공동회 개최**
  평등한 참여와 발언권으로 근대적 의미의 시민 공론장 시도

- 1917 | **러시아 혁명**
  볼셰비키와 노동자, 농민이 주축이 되어 세계 최초의 공산주의 혁명 성공

- 1949 | **중국 혁명**
  중국 대륙에서 공산당이 권력을 장악하고 오늘날의 중화인민공화국 수립

- 1960 | **한국 4·19 혁명**
  중고생들과 시민, 지식인들의 궐기로 이승만 부패 정권 몰락

- 1961 | **국제 인권 단체 앰네스티 인터내셔널 창립**
  오늘날 대표적인 국제 NGO 중 하나

- 1968 | **유럽, 북미, 일본 등 1968 봉기**
  반자본주의, 반제국주의, 탈권위주의, 자유해방주의를 표방

- 1974~75 | **포르투갈 민주화, 스페인 프랑코 총통 사망**
  남유럽의 민주화를 출발점으로 전 세계에 민주화 물결

- 1980 | **한국 광주 민주화 운동**
  전두환 쿠데타에 반대하는 민주화 시위, 신군부에 의한 민간인 학살

- 1985 | **브라질에서 민선 대통령 당선**
  남미 대륙에서 민주화의 물결 진행

- 1986 | **필리핀 '민중의 힘people power' 시위와 민주화**
  아시아에서 권위주의 정권 몰락 가속화

- 1987 | **한국 6월 민주화 항쟁과 노동자 대투쟁**
  대통령 직선제 등 정치 민주화와 더불어 노동조합 건설이 급속히 진행

- 1989 | **공산주의 체제 붕괴**
  동유럽에서 자유주의 시민 사회 담론 확산

- 2001 | **세계사회포럼 제1차 회의 개최**
  신자유주의 세계화에 반대하는 국제 연대 진전

- 2008 | **한국 촛불집회**
  약 3개월에 걸쳐 수백만의 시민들이 직접 행동과 집단 지성 발휘

Vita Activa

'비타 악티바'는 '실천하는 삶'이라는 뜻의 라틴어입니다. 사회의 역사와 조응해온 개념의 역사를 살펴봄으로써 우리의 주체적인 삶과 실천의 방향을 모색하고자 합니다.

비타 악티바 03

시민

초판 1쇄 발행 2008년 11월 30일
초판 8쇄 발행 2023년 12월 15일

지은이 신진욱

펴낸이 김준성
펴낸곳 책세상
등록 1975년 5월 21일 제2017-000226호
주소 서울시 마포구 동교로23길 27, 3층(03992)
전화 02-704-1251
팩스 02-719-1258
이메일 editor@chaeksesang.com
광고·제휴 문의 creator@chaeksesang.com
홈페이지 chaeksesang.com
페이스북 /chaeksesang **트위터** @chaeksesang
인스타그램 @chaeksesang **네이버포스트** bkworldpub

ISBN 978-89-7013-703-2 04300
      978-89-7013-700-1 (세트)

• 잘못되거나 파손된 책은 구입하신 서점에서 교환해드립니다.
• 책값은 뒤표지에 있습니다.